維摩経ファンタジー

――大乗仏教の思想に学ぶ――

恩師　久松真一先生の真前に捧ぐ

維摩居士像　泉光寺蔵（岸和田市）

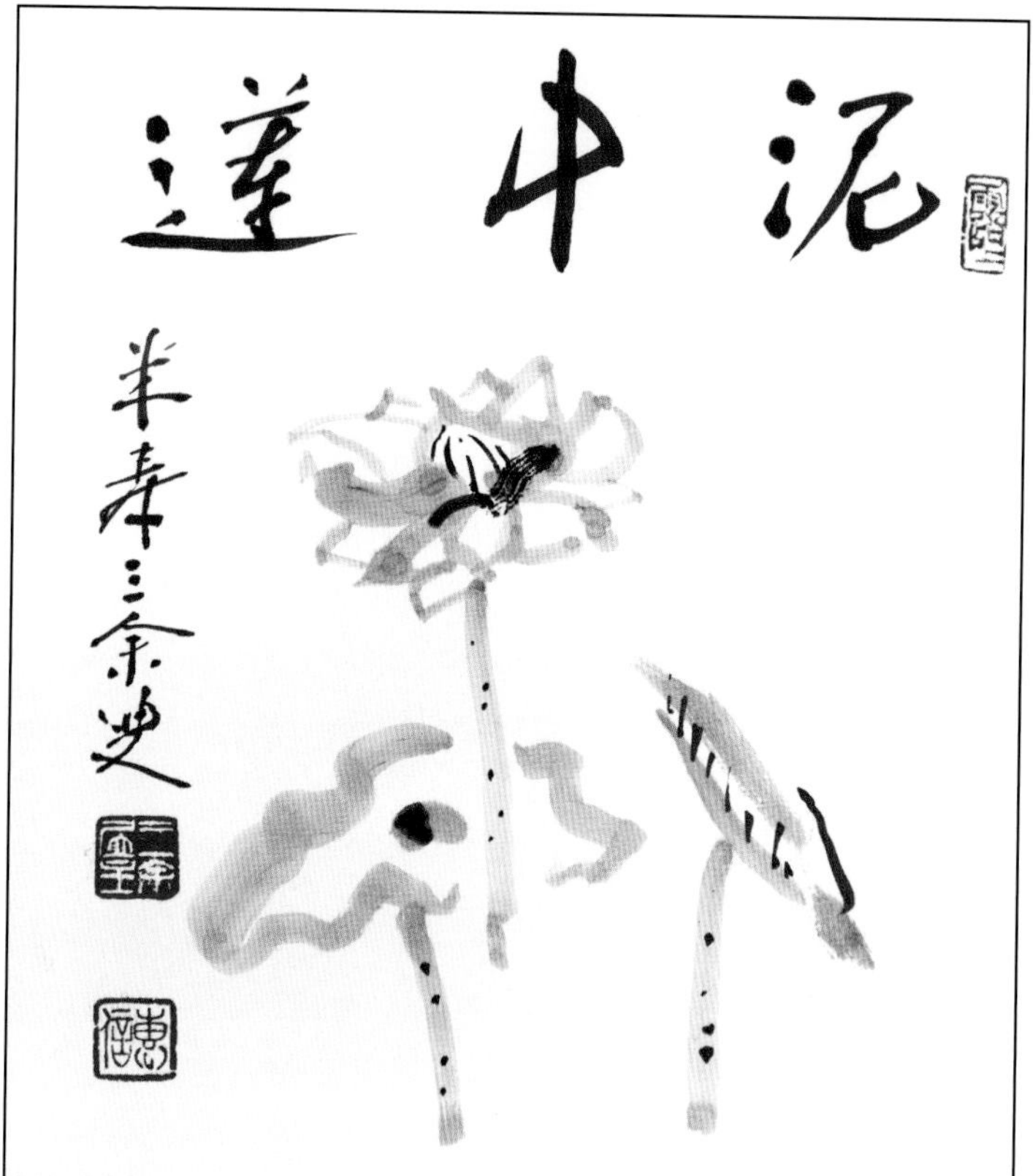

「泥中蓮」 筆者書

もくじ

大乗仏教と『維摩経』

日本仏教と『維摩経』

読者のみなさんは、高校時代に歴史か何かの授業で、聖徳太子（五七四～六二二）の作と伝えられる『三経《さんきょう》義疏《ぎしょ》』という書物の名を聴かれたことがありませんか。確たる証拠はありませんが、いちおう聖徳太子の撰述と伝えられてきたこの書物は、その名の通り三種類の大乗経典についての注釈書で、岩波の『仏教辞典』によると、その内容は、『法華《ほっけ》義疏《ぎしょ》』が四巻、『勝鬘経《しょうまんぎょう》義疏《ぎしょ》』が一巻、そして『維摩経《ゆいまぎょう》義疏《ぎしょ》』が二巻の、合計七巻の総称なのです。

『三経義疏』という書物は、奈良時代の天平十九（七四七）年に書かれた『法隆寺《ほうりゅうじ》伽藍《がらん》縁起《えんぎ》幷《ならびに》流記《るき》資財帳《しざいちょう》』の中に、「上宮《じょうぐう》聖徳《しょうとく》法王《ほうおう》御製者《ぎょせいしゃ》」として記されているのが、初見のようです。

ご承知のように、仏教という外国の宗教はわが国において早く、朝鮮半島からやって来た帰化人たちが信奉していたようですが、『元興寺縁起《がんごうじえんぎ》』によると、宣化三（五三八）年、百済《くだら》の聖明王《せいめいおう》が大和朝廷に仏像と経論《きょうろん》を贈ってきたことが、日本への仏教伝来の公伝だとあるようです。

ところでそんな古い時代に、豪族蘇我氏《そがし》と物部氏《もののべし》が外国の宗教を受け入れるかどうかについて議論した結果、蘇我氏が聖徳太子の支持を得て、わが国に初めて仏教という宗教を移入されたと伝えられています。その聖徳太子が、さっそくこれらの経典に注釈を付けられたというのですから、聖徳太子という方はまた、なんという先進的なお方であったのでしょう。

ところで、奈良時代には官寺仏教として南都六宗が成立し、東大寺が総国分寺としてその頂点に立っていたことはご存知の通りです。平安時代になると、新しく最澄《さいちょう》（七六七〜八二二）の天台法華宗《てんだいほっけしゅう》や空海《くうかい》（七七四〜八三五）の真言密教《しんごんみっきょう》が中国から移入されて、ここにいわゆる「平安仏教」というものが確立されていきます。

日本に伝えられた仏教は、もとはインドでブッダ（釈迦牟尼《しゃかむに》）がお説きになったものですが、ブッダが入滅された後、インドの南の方（東南アジア）へ広がっていった上座《じょうざ》仏教とは別に、北の方（中央アジア）へ伝わっていったのが、いわゆる「大乗仏教《だいじょうぶっきょう》」で、それがチベットや中国をへて日本へ伝えられたのです。

今、お寺に祀《まつ》られている仏や菩薩《ぼさつ》のような仏像は、ブッダの入滅直後にはなく、当初は菩提樹や宝座、あるいは仏足跡《ぶっそくせき》などを拝んでいたようです。紀元一世紀頃になると、東方（インド方面）へ遠征してきたギリシャ文化の影響を受けて、ガンダーラ地方（現在のパキスタン、ペシャワール地方）でようやく仏像というものが創り出されていった、と考えられています。

それからまた、お寺で日常的に用いている鐘や太鼓、あるいは磬《けい》などという鳴物の類は、チベット仏教から始まったとされています。因みに木魚《もくぎょ》は、ある中国僧がインドからの帰路、船に近寄ってきた魚が、自分は師に違《たが》い仏法を毀《そし》ったために魚となり、背中に樹が生え、波に揺られて痛むので、これを切って寺に置いて叩いて欲しいと頼んだので、その樹で魚を彫ったというのが由緒といいます（『禅林象器箋《ぜんりんしょうきせん》』）。面白い話ですね。

さて、私たち大乗仏教徒《だいじょうぶっきょうと》は、南方に伝わっていった仏教を「小乗《しょうじょう》仏教」

と蔑称《べっしょう》していましたが、今頃そんなことを言っていたら、それこそ世界中の仏教徒から顰蹙《ひんしゅく》を買うでしょう。現在ではこれら南方の仏教は、「上座仏教（上座部仏教）」とか「南方仏教」とか呼ぶのが常識なのです。

しかし、大乗仏教の中身はとなると、これは間違いなくスリランカやミャンマーで行なわれている南方仏教とは、その思想や実践法が根本的に異なっていることは確かですから、自分たちの仏教がわざわざ「大乗仏教」と呼ばれる理由やその違い、つまりその特殊な思想や実践されている修行の方法については、はっきりとした理解を持っていなければならないのは当然です。

大乗仏教の起源

経典は、ブッダが入滅されたその年、王舎城《おうしゃじょう》郊外の畢鉢羅窟《ひっぱらくつ》に、五百人の仏弟子たちが集まり、最長老の摩訶迦葉尊者《まかかしょうそんじゃ》が座長となり、ブッダ生前の教えを聴いていた比丘《びく》たちが暗記していた言葉を、みんなの前で諳《そら》んじ、それを阿難陀《あなんだ》（阿難とも）や優波離《うぱり》という弟子が編集したと伝えられています。これが「第一結集《だいいちけつじゅう》」と呼ばれている経典の編纂会議です。その後も、仏弟子たちの記憶違いを統一するために、四回の結集が行なわれたといわれています。

その過程の中で、ブッダの定めた戒律こそは、どこまでも護られるべきだ、とする古老の弟子たち（これを上座部という）と、少しくらい戒律を緩くしてはどうか、という改革者たちの大衆部《だいしゅぶ》との意見が分かれたのです。これを「根《こん》本分裂《ぽんぶんれつ》」と呼んでいます。

こうして上座部の仏教はインドの南の方、スリランカやタイ、あるいはミャンマー（昔のビルマ）などへと伝えられ、かたや大衆部の方はインドの北方、さらにチベットを通って東アジアの中国、朝鮮、日本へと伝わってきたのです。そして、大衆部から紀元前後に今日の大乗仏教が始まった、といわれています。『講座・大乗仏教1』（春秋社、昭和五十六年）の中で、編者の平川彰《あきら》氏が、「仏塔信仰と菩薩」と題して、次のような面白いことを書いておられます（十六頁以下参照）。

平川氏によると、ブッダが入滅されると仏弟子たちは、ブッダは今や完全な無余依涅槃《むよえねはん》（肉体も滅した完全な死）に入られ、もうその人格性は完全に失われたと考え、ブッダの説かれた不滅の法を拠りどころとして、それぞれ比丘《びく》（男性の弟子）や比丘尼《びくに》（女性の弟子）の修行をし、またその教えについての論議を続けました。

他方、当時インドにあった八つの国の国王は、ブッダの舎利《しゃり》（遺骨）を分けて持ち帰り、舎利塔を建ててこれを「仏塔《ぶっとう》」と呼び、在家《ざいけ》の人々はこれを拝んだのです。

これらの人々にとってブッダは今や、衆生を救済する力を持った超越存在として、「信仰」の対象とされるようになったのです。在家の人々は自分たちが出家者のように戒律通りの厳しい生活はできないので、日常生活の中でブッダのお慈悲に縋《すが》って、救済されることを望んだのです。これがブッダを信仰の対象として拝むようになった始まりです。

このような願いに応じて、素晴らしい「慈悲と威力」を具《そな》えたブッダがさかんに説かれるようになったというのです。さらに平川氏は、概略次のように述べておられます。

人々は仏塔の周りに住んで、仏塔を巡礼してくる人々のお世話をする自分たちのことを、菩薩《ぼさつ》と呼んだという。仏塔信仰は、仏陀《ブッダ》を礼拝し、その信仰によって仏陀の救済にあずかろうとする「在家菩薩《ざいけぼさつ》」と、その中から上座仏教の比丘たちにあって烈しい修行をした「出家菩薩」との『二重構造』になっていたと考えられる。(『前掲書』十七頁要約)

今日、私たちが信奉している大乗仏教の起源を知るための、たいへんわかりやすい話ですね。これとは別に、いわゆる「上座仏教」は、教理の解釈をめぐってたくさんの学派に分かれたので、これらは後に「部派《ぶは》仏教」と呼ばれるようになりました。

今日、私たちの信奉している大乗仏教はこうして、もとはインドにおいて、在家菩薩と、そこから派生した出家菩薩との共同によって、自然にでき上がっていったもので、彼ら自身が自分たちを「菩薩ガナ」と呼んだ僧俗一体の集団に、その原点があるというのです。

このようなプロセスの中で生まれた思想と形態が大乗仏教の原形をなし、チベット、中国、台湾、朝鮮と、広く東洋世界に伝播した後、わが国へと伝えられたのです。

そしてご存じのように日本の大乗仏教は現代に至って、欧米世界の先進的な人々の深い関心を呼び集め、今や多くの国々に仏教徒を自称する人々が増えつつあるのです。

そのお陰で他ならぬこの私も、過去何回かにわたって、欧米諸国の先進的なキリスト教の大学から招かれることになり、ずいぶんと多くの知識人たちから、日本仏教についての熱心な質問を受けてきました。

二〇〇七年、私は図らずも米国ハーバート大学神学部における公開シンポジューム「仏教と科学」に招かれ、南方上座仏教の信徒であるという著名なアメリカ人学者と対論する好機を得ましたが、キリスト教徒である聴衆は、二人の話す仏教の内容やお互いの実践方法があまりにも異なるので、すっかり当惑されている様子でした。

大乗仏教と「菩薩道」

では、こうして始まった「大乗仏教」とは、いったいどのような内容を持つ仏教なのか、大乗といわれる仏教の特色は、どういう点にあるのか、ということについて、ここで少し概略を述べておこうと思います。

そもそも「大乗」という語は、サンスクリット語のMahāyāna（マハーヤーナ）を訳した語で、その意味は「大きな乗り物」ということです。

その言葉の通りこの教えは、限りなき多くの「衆生《しゅじょう》」を、この迷いと苦しみの「此岸《しがん》」から、解脱《げだつ》と安らぎの「彼岸《ひがん》」へと運ぶことを目的とする教えなのです。

これが特に大乗といわれる理由は、この教えが「自利利他《じりりた》」、つまり自分の救済がそのまま他の人々にとっての利益にならなければならない、ということにあります。もっと言えば、自分が命を賭けてでも修行するのは、他の迷い苦しむ人々をやすらぎの岸へ運ぶためである、という意味なのです。

たとえば人々を乗せて河を渡る、あの渡し船を想像してみてください。客には見えませんが、船頭さんは後ろの方で独り、額に汗しながら一所懸命に櫂《かい》を漕《こ》いでおられます。

船客たちはというとどうでしょう。乗ってしまえば後は船頭さん任せ、わいわいがやがや言いながら、岸辺の景色を楽しんだり、酒を呑んで唄ったり、寝ころがったりしておればいいのです。

やがて向こう岸に船が着くと、船客はいっせいに岸に上がっていきますが、船頭さんは次のお客さんたちを運ぶために、また独りで船を漕ぎながら、元の岸に戻っていきます。古歌に、

人をのみ　渡し渡して　己《おの》が身は
ついに渡らぬ　渡し守かな

というのがありますが、ほんとによく言ったものですね。後で書きますが、この船頭さんこそ、大乗仏教の教えを体して生き抜こうとする、「菩薩」そのものなのです。

同じ船には、船頭さんと船客たちが、いっしょに乗っています。もしひっくり返ったら、みんないっしょに溺れてしまいます。

つまり船頭さんである出家菩薩は、在家の人々と運命をともにしているわけ

です。これに対して、自分を救うことだけを目的にする「小乗」の出家者は、「独覚《どっかく》」、あるいは「縁覚《えんがく》」と呼ばれます。

「大乗菩薩道《だいじょうぼさつどう》」の実践を、「上求菩提《じょうぐぼだい》、下化衆生《げけしゅじょう》」といいます。自分はあくまで悟りを求めてやまないが、同時に迷い苦しむ衆生のことも決して忘れず、ともに救われることを望むという、いわば中心点を二つ持つ楕円形みたいなものを想像してみてくだされば、イメージとして菩薩の姿が浮かぶでしょう。

いや、もっとわかりやすい比喩は釣瓶《つるべ》です。この頃はあまり見かけませんが、私の子どもの頃には、どこの家にも深い井戸が掘ってありました。

井戸の上には滑車がぶら下がっていて、そこから釣瓶という、二つの小さな桶《おけ》が綱で吊してありました。さて水を汲もうとするときは、一つの釣瓶をガラガラと、深い井戸の底まで降ろします。

そして水でいっぱいになった釣瓶を、深い井戸から汲み上げるために、もう一方の釣瓶を深い底へと引っ張り降ろすのです。他者を救い上げるために、みずからは地獄の底までも降りていく。これが大乗菩薩といわれる、修行者のイメージです。よくできた喩えですね。

大乗仏教の修行はこのように、出家も在家もともに救われることを目的としているわけですから、それは単に自分だけのためにする修行ではなくて、一切《いっさい》衆生《しゅじょう》を救おうとする、深い慈悲心に基づいた修行でなければなりません。

では、どうしてそういう発想が出てきたのか、ということになるわけですが、そこには次のような、興味深いいきさつがあるのです。

菩薩行の実践

ここで、「菩薩」というものについて、もう少し深く勉強してみましょう。前掲の『講座・大乗仏教1』の中で、三枝充悳《さいぐさみつよし》氏が、「ボサツ」について、詳しく説いておられます（同書、九十頁以下）ので要約しておきましょう。

＊

大乗とは菩薩乗であると言えるほどに、ボサツが大乗仏教に占める位置は大きい。

ボサツの起源的意味は、仏の智慧を求めつつ、それが必ず得られる生けるものということ。現代風にいうと、「ボサツとは必ずブッダ（覚者・目覚めたもの）となる候補者」というのが相応《ふさわ》しい。

ボサツは正しくは菩提薩埵《ぼだいさった》で、大心《だいしん》あって仏の道に入ることをいう。

ボサツの起こりについて、釈尊《しゃくそん》その人を讃仰《さんぎょう》する人々のあいだから、釈尊の前生《ぜんしょう》を語るに当たり、「ボダイをもとめる人」としてボサツの名が説き始められたと考えることができる。……本生《ほんしょう》のボサツはすでに原始伝承のうちにあらわれたと見てよい（山田龍城の説）。これを「本生ボサツ」という。

それとは別に大乗仏教が起こると、「大乗ボサツ」というものが現われる。大乗ボサツは「凡夫《ぼんぷ》のボサツ」と言われるように、仏になろうという誓願を起こして、ボサツの道に進むならば、その人は菩薩であり、将来必ず仏になるとするもの。在家出家を問わず、男女・貧富・貴賤を問わず、仏の悟りを求めて菩薩の行を修する者は、誰でも菩薩であり得る、という思想である。

菩薩は阿羅漢《あらかん》とは違って、利他を第一とする。この菩薩の姿は、釈迦の本生行（前世の行ない）に雄弁に示され、財物はもちろん、自己の身肉、頭目、妻子すら、菩薩は利他のために施与《せよ》し、すべての有情《うじょう》の利益《りやく》安楽を願うのである。

ボサツにおいては、利他の思想・精神・イデー（理念）がきわめて重要であり、それがほぼボサツの中枢を占めることは言うまでもない。

ある意味でアマチュアである凡夫には、いわば資格もなく、知識も乏しいけれども、それゆえにかえって従来の伝統と束縛から脱している。ここには自由があり飛躍が芽生える。凡夫はエリートではないだけに、みずから一切衆生の一員という凡夫性の自覚を深め、それがその一員から、一切衆生につながって行く重大な契機となり得る。

＊

以上のように、非常にわかりやすい説明をしておられます。これでいちおう、大乗仏教と菩薩についての、ごく常識的な説明を終わることにしましょう。ではいよいよ、このような大乗仏教の思想内容を、最もよく伝えている経典の一つといわれている『維摩経』を、みなさんと一緒に読んでいくことにしましょう。

不思議な経典『維摩経』

この『維摩経』（別に『維摩詰所説経《ゆいまきつしょせつぎょう》』、『不可思議解脱経《ふかしぎげだつきょう》』、『浄名経《じょうみょうきょう》』などともいう）という経典は、西暦一～二世紀頃に成立したらしい、とされているようですが、いつ、どこで、誰がこの経典を書いたものかは、今のところわかっていないようです。

ただこの経典の主人公である維摩居士《ゆいまこじ》が住んでいたというヴァイシャーリー（毘耶離城《びやりじょう》）には、あのブッダ入滅の後に起こった上座部と大衆部の根本分裂によって、多く大衆部の人々が住んでいたようですから、やはりこの経典はこの辺りで書かれたものらしい、と考えるのが一般的のようです。

今まで存在しないとされていた『維摩経』のサンスクリットの写本が、チベットのポタラ宮殿で発見されたのはまだ二十年前のこと。昨年、ようやく植木雅俊氏によるその日本語訳新原稿が角川ソフィア文庫の一冊として出版されたところです。

それまでは、中国の魏晋時代に鳩摩羅什《くまらじゅう》（三四四～四一三）という学僧の訳した漢訳や、それに対してなされた学僧たちによる注釈本が読まれてきました。またそれを集めて一書とした『注維摩詰経《ちゅうゆいまきつきょう》』というものもあり、それを和訳した『対訳・注維摩詰経』（山喜房仏書林刊）が平成十二年に大正大学の注維摩詰経研究会から出版されています。

また、かつて京都大学の長尾雅人氏がチベット本から和訳されたものが『大乗仏典』7（中央公論社刊・昭和四十九年）に収められています。

本書で私は敢えてこれらの中、従来から親しまれてきた漢訳の『注維摩詰経』をテキストとしました。中国の学僧たちのコメントが面白いと思ったからです。『仏書解説大辞典』に拠りますと、『維摩経』に関する研究書や講義本が、なんと百八十冊並んでいます。いかにこの経典が多くの人によって親しまれてきたかの証左と言えましょう。幸いにして本書がその驥尾《きび》に付すことができたらという思いです。

ところでこの経典の主人公はというと、他の経典のようにブッダではありません。実は、古代インドのヴァイシャーリーという街に住んでいた、資産家のヴィマラキールティという在家の居士で、これを音写して「維摩詰」、あるいは意訳して「無垢称《むくしょう》」というのです。居士というのは、仏道を修行する在家の男性です。

無垢称という名は文字通り、「垢《あか》を離れたもの」という意味で、その意味を採って、「浄名《じょうみょう》」などとも言います。

この維摩居士という人は、一丈四方《いちじょうしほう》の狭い部屋に住んでいましたので、その家宅は「維摩の丈室《じょうしつ》」と呼ばれていました。今、私たちは禅寺の和尚《おしょう》の住まいを、「方丈」と呼んでいますし、あの有名な鴨長明《かものちょうめい》の『方丈記』も、ここから名付けられたものなのです。

この経典が「不可思議解脱」とも呼ばれるのは、本経典の第十四、「嘱累品《しょくるいぼん》」の中で、ブッダが阿難《あなん》という弟子に対して、この経典を『不可思議解脱法門《ふかしぎげだつほうもん》』と名付けて受持するよう命じられていたからだ、と言われています。

確かにこの経典の内容は、これから読んでいくうちにだんだんおわかりになるでしょうが、全体的にとても不思議な話ばかりですので、私はふと思いついて本書の書名を、『維摩経ファンタジー』としたわけです。

常識では考え及ばぬ話ばかりで、ふつう私たちが「仏教」として教えられる根本仏教の基本的な内容に対してこの『維摩経』は、大乗の立場からまったく新しい解釈をしていますので、文字通り、甚深不可思議《じんじんふかしぎ》な経典と言うべきであります。

そこにまた、この経典独自の面白さがあるわけですし、また大乗仏教思想の特異性も親切に説かれてありますので、私は命果てるまでに是非ともそれを、みなさんにお伝えしておきたいと思い立ち、ほんらい仏教学の専門家でもないのに、敢えてこの経典に挑戦することにしたのです。

『維摩経』の目次

経典の内容は次に掲げる通りですが、在家の居士である維摩が、大乗思想の核心を説きつつ、出家の仏弟子や菩薩たちを、次々と論破していくさまは、読んでいても、まことに痛快です。

思想の内容は、いわゆる「般若《はんにゃ》の空観《くうがん》」というものが中心になっていますが、その具体的な教えは、特に「不二《ふに》の法門《ほうもん》」と呼ばれています。これについては、後でゆっくり説明することにしましょう。

さて、『維摩経』というこの経典の目次を、まずご紹介しましょう。

仏国品《ぶっこくぼん》第一……仏国土の清浄
方便品《ほうべんぼん》第二……考え及ばぬほどに巧みな方便
弟子品《でしぼん》第三……弟子たちの当惑
菩薩品《ぼさつぼん》第四……菩薩たちの当惑
文殊師利問疾品《もんじゅしりもんしつぼん》第五……文殊の病気見舞い
不思議品《ふしぎぼん》第六……不可思議解脱の法門
観衆生品《かんしゅじょうぼん》第七……天女の登場
仏道品《ぶつどうぼん》第八……非道を行じる
入不二法門品《にっぷにほうもんぼん》第九……対立を超える
香積仏品《こうしゃくぶつぼん》第十……悟りの香り
菩薩行品《ぼさつぎょうぼん》第十一……菩薩の生きる道

見《けん》阿《あ》閦《しゅく》仏《ぶつ》品《ぽん》第十二……維摩居士の前世
法《ほう》供《く》養品《ようぼん》第十三……この経典の利益《りやく》
嘱累品《しょくるいぼん》第十四……経典流布の委嘱

『仏書解説大辞典』にはわかりやすく、最初の四品《しぼん》を序分《じょぶん》、次の六品を正宗《しょうじゅう》分《ぶん》、次の二品を証誠分《しょうせいぶん》、そして最後の二品を流通分《るづうぶん》というように区分してあります。

いずれにせよ、これらの題目を見ただけでは、全体像は見えてきませんが、読み進んでいくうちに、この経典の面白さが、次第にわかってくるはずです。途中で投げだしたくなっても、どうぞ最後まで、くっついてきてください。

汚れたこの世界こそ仏の世界——仏国品《ぶっこくぼん》第一

『維摩経』の説かれる舞台

それでは第一の「仏国品」から読んでいきましょう。どんな経典でも同じですが、ここではまず、この『維摩経』が説かれる舞台背景とでもいうようなものが述べられているところです。

本書では、『維摩経』をできるだけ忠実に引用しますが、その内容は一貫して、ブッダの説かれた根本的な教えを乗り超えて、大乗仏教の立場からこれを解釈し直そうとする経典ですから、ほんとうは、ブッダの教えをまずよく理解してからでないと、この経典が説こうとしていることの真意をつかむことは難しいのです。

しかし、そんなことを言っても、仏教初心者にとっては無理な話でしょう。

そういうことも配慮しながら、なるだけ大乗仏教の特色が際だって説かれるような部分を選んで、それらをわかりやすくお伝えしていこうと思います。

あるとき世尊《せそん》（ブッダのこと）は、ヴァイシャーリーのアームラバーリー（マンゴー樹）の園林の中で、八千の比丘《びく》（出家者）の大集団といっしょにおられました。

これらの比丘たちは、すでに悟りの智慧を開いている羅漢《らかん》さんたち。またそこには、三万二千という大勢の菩薩《ぼさつ》（修行者）たちもおられました。経典はまず、これらの比丘や菩薩たちを讃嘆することから始まります。次にそれらを要約してみましょう（本書では、同じ内容の訳が繰り返し続く場合、重要な箇所以外の訳を省略することにします）。

彼らは大神通《だいじんづう》の修行によって、迷いの城から抜け出て、仏に護られながら法の城を護り、特に誰かから頼まれることがなくても、あらゆる人々と友達になっています。

そして悪魔や敵対者を退け、特別の智慧と理解と弁舌によって、周りの人々を導いています。彼らはしっかり戒律を護りながら坐禅に励み、豊かな智慧をはたらかせることによって、周りの衆生たちの能力を知ることのできる者たちばかりであります。

彼らはどんな人にも屈することのない自信に満ちています。装身具などは身に付けず、みずからの美しい相好《そうごう》（姿や形）で身を飾り、金剛石《こんごうせき》（ダイアモンド）のような固い意志を持ち、仏法僧の三宝に対する、決して壊れることのない強い信念を持ち、美しいながらも雷鳴の轟《とどろ》くような声で仏の教えを説き、人々が願い求めていることを知る智慧をもって、この仏のおられる世界（仏国土）を輝かしいものにしています。そういう彼らのことは、いくら称《たた》えようとしても、彼らの身に付けている量り知れない徳ですから、とても言い尽くすことなどできません。……

とまあ、こういう調子で、その讃嘆の言葉が延々と続いていきます。しかしここでは、それ以上の讃辞を書き写す必要はないでしょう。

維摩経ファンタジー

さて、この集まりは、世界中からやって来た、一万の梵天《ぼんてん》（インドの神々）や、帝釈天（梵天とともに仏法を守護する神）、そして一万二千のインドラ神たち、さらに三万二千の菩薩など、出家や在家の男女でいっぱいでした。

そこでブッダは獅子座に坐り、これら多くの人々に囲まれて、説法を始められました。そのお姿は矍鑠《かくしゃく》として輝き、その偉容はまるで世界一高い須弥山《しゅみせん》が海の中から浮かび上がってきたようで、集まっているすべての人々を、すっぽりと覆っていました。

そこへまた、宝積《ほうしゃく》という名の菩薩が、五百人の街の青年たちを連れてやって来ていました。彼らはそれぞれに、七種の宝石で飾られた大きな傘（傘蓋《さんがい》）を持っていて、ブッダの脚に自分らの額《ひたい》を着けて礼拝し、みな自分の持っている傘をブッダに捧げました。

するとそれぞれの傘は、ブッダの威力によって一つの大きな傘となり、その傘がこの三千大千世界（仏教でいう無限に広がる世界）をすっぽり包み込み、山も、海も、宮殿も、城も、街や村も、すべてがその傘の中に現われたのです。

これを見ると、集まった人々はみんな驚嘆し、歓喜し、喜悦をもって、ブッダを礼拝し、瞬きもせずにその姿を見つめていました。……

このようにまことにファンタジックな光景から、この経典は始まります。このブッダの神通力《じんつうりき》を目の当たりにした宝積青年は、右の膝を地に着け、ブッダに向かって合掌し、讃仰の詩を唄います。そして最後に、

世尊よ、ここに連れてきた五百人の若者たちはみな、無上の完全な智慧に到達することを願っています。彼らはみな、ブッダの国土を浄《きよ》めたいと願っているのです。どうかこれらの菩薩たちに、仏国土を浄くするとはいったいどういうことかについて、説いていただきたいのです。

と願い出ます。これに対してブッダが、「仏国土」つまり理想的な仏の国というものはどういうものかについて、切々と説かれるのが、この「仏国品第一」の内容なのです。

菩薩の世界

ここでは、大乗仏教が理想とする世界のありようが、ブッダによって詳しく説かれていきます。次にその内容を、いくつか読んでみましょう。

お前たちよ、衆生《しゅじょう》という国土こそ、実は菩薩の国土なのだ。なぜかというと、菩薩は衆生が受ける利益が多ければ多いほど、それを仏国土と受け取るからである。菩薩にとって仏国土は、衆生の利益なしにはあり得ないのだ。そしてその国土を空中に造ろうとしても、それは不可能であろう。

しかし、ただ真っ直ぐな心、深い決意、修行、発心《ほっしん》というものさえあれば、それこそがそのまま仏国土なのだ。布施《ふせ》（人に与える）、持戒《じかい》（戒律を守る）、忍辱《にんにく》（耐え忍ぶ）、精進《しょうじん》（修行に励む）、禅定《ぜんじょう》（坐禅する）、智慧（悟りの智慧）があれば、それがそのまま仏国土なのだ。

と、ブッダは六つの基本的な行為（六波羅蜜《ろっぱらみつ》）さえ実践すれば、そのままこの地上が、理想郷としての浄らかな仏国土なのだと説かれます。因みに六波羅蜜とは、悟りの彼岸に到るための六つの条件です。

結論的に言えば、この世界の清浄を得たいと欲する菩薩は、自己の心を修め浄めることに努めるべきであり、菩薩の心さえ浄らかであれば、この穢れた世界がそのまま清浄な仏国土なのだ、と説かれたのです。それを聴くと仏弟子の一人である舎利弗《しゃりほつ》の心に、次のような疑問が生じました。

もしブッダのおっしゃるように、心さえ清浄であればこの世界は浄らかになるというのならば、すでにそういう菩薩行を行じられた心の浄いブッダがおられるこの世界（仏国土）が、どうしてこんなに汚れたものなのであろうか、と。

するとブッダは、舎利弗の心に起こったこの疑問を、神通力によって即座に見抜かれ、次のように言われたのです。

舎利弗よ、太陽や月というものは不浄なものであると思うか。そんなことは決してないであろう。しかし、残念ながら凡人にはそれが見えないのだ。その見えない理由というのは、お前たちが眼を瞑《つむ》っているからなのだ。責任はお前たち衆生の側にあって、太陽や月にはないであろう。

舎利弗よ、世界はもともと素晴らしく、清らかなものであるのに、お前には、それが見えないだけじゃないか。

仏国土の清浄

すると傍らにいた梵天の神である螺髻梵王《らきつぼんのう》がこれを聴いていて、舎利弗に言ったのです。

舎利弗さん、仏国土が清浄でないなどとおっしゃってはいけませんよ。ブッダの住んでおられるこの世界は、迷いの三界でありながら、すでに金銀で飾られた宮殿（他化自在天《たけじざいてん》の住む宮殿）なのですから。

しかし舎利弗は、また言葉を返して言います。

梵天よ、あなたがそう言われても私には、この世界の大地に高い低いがあり、棘《いばら》や崖っぷち、あるいは山頂があるかと思えばまた、低い溝には泥がいっぱいなのが見えるだけじゃないですか。

そこで螺髻梵王《らきつぼんのう》が言います。

そのようにこの世界が不浄に見えるのは、あなたの心に高い低いがあるからです。そもそもブッダの智慧を得たいという意欲そのものが、始めから清らかでなく、汚れているからじゃないですか。舎利弗さん、悩み苦しみながら、この世の衆生を思う心が平等で、ブッダのような智慧を得たいという意欲さえ浄らかであれば、この仏国土は、清浄そのものとして映るはずですよ。

ブッダは、そこに集まっている人々がみな、梵天の言うことをまだ疑っていると察知され、この世界（三千大千世界）の上に、自分の足の指を置かれました。

するとそのとたん、この世界が無量の宝石で美しく飾られた世界として現われたのです。これが『維摩経』の説く、独得のファンタジーなのですね。そして続きます。

その浮かび上がった世界は、あたかも無限の功徳《くどく》の宝で飾られた世界の出現で、人々は自分たちもみな、一人ひとり宝の蓮華で飾られた座に坐っているのを感じたのです。

ブッダは舎利弗に向かって、「これが本当の仏国土なのだが、修行を完成した人（如来）は、衆生を次第に成熟させていくために、仏国土には欠陥や不完全があるように見せかけているだけなのだ」と言われました。

これを聴くと集まっていた八万四千の人々は、それぞれ自分たちもそのような「この上なき素晴らしい悟り（無上正等正覚《むじょうしょうとうしょうがく》）」を得たいものだという、崇高な悟りを求める心（菩提心《ぼだいしん》）を起こしたのです。

ブッダが再び足を組まれると、世界はまた元の状態に戻りました。これを見ると三万二千の天人たちは、いかにもこの世界は無常なものであるということを知り、みな法に対して、穢れない清浄な眼（法眼）を持つ者となったのでした。

ここで示されていることは、仏国土という理想世界はこの穢れた現実世界以外にはない、ということです。

理想世界のつくりかた——方便品《ほうべんぼん》第二

方便とは何か

さて、『維摩経』の「方便品第二」は、「方便」ということを巡って説かれていきます。私たち日本人は誰でも、「嘘も方便」などといって、あまりよい意味には使いませんが、「方便」とはほんとうはどういうことなのかについては、あまり考えたことがないのではありませんか。

ところが『維摩経』では、まず「方便」ということが、大乗仏教においていかに大切なことか、ということが説かれるのです。

では、その「方便」とはいったいどういうことか、なぜ方便というものがそれほど大切なことなのでしょうか。因みに『仏教辞典』（岩波書店）の「方便」の項には、次のように説明してあります。

接近する、到達する、という意味の動詞から派生したウパーヤ(upāya)が、対応サンスクリット語であり、衆生《しゅじょう》を導くためのすぐれた教化《きょうけ》方法、巧みな手段を意味する。方便は真実と対になる概念で、衆生に真実を明かすまでの暫定的な手段を意味する。この方便の思想は、法華経において特に重要視される。(後略)

つまり「方便」というのは、迷える衆生を導くための手段なのです。迷っている衆生を導くためには、まずその間違いに気付かせてやらなくてならない。そしてその代わりに、正しいことに気付かせるような内容がなければならないのです。

その上、方便として言っているのに、聴いている相手の方が、それを真実なものだと思い込んでしまってもいけません。そのために、これはあくまで方便なのだよ、とわからせてあげることも、また大切なのですね。

嘘も方便などというように、相手を導くための手段として、時に嘘を言うことも必要ですが、嘘を嘘のまま信じ込ませておいては、ほんとうに相手をごまかすための行為（悪業《あくごう》）になってしまいます。

相手が真実に気付いて、あれはただ自分にほんとうのことをわからせようとする、親切な方便にすぎなかったのだと気付き、その方便に感謝してくれれば、そんな嘘にも大いに意味があった、ということになります。方便はこのように、一種の危険性さえ孕《はら》んでいますが、これは人々を真実へ導くための、大切な方法でもあるのです。

言うまでもなく、『維摩経』が説こうとする「方便」もまた、いかにして迷える衆生を悟りに導くかの、大切な方法として説かれているわけで、主人公の維摩居士の方便が、どんなに深い彼の慈悲心に基づいたものであるかということは、読者のみなさんにも次第におわかりになっていくことでしょう。

では維摩居士は、いったいどのような方便を用いて、衆生を済度《さいど》しようとされるのか、それがこれからのお楽しみというところです。

維摩居士という人

さて、ブッダが「仏国土」ということについて、人々に説法されていたヴァイシャーリーの街に、維摩詰（サンスクリット語ではヴィマラキールティVimalakīrti）という在家の居士が住んでいたのです。この人こそ、このお経の主人公なのですが、そもそも、どんなにすごい人であったかについて経典は、次のように絶讃しています。

維摩居士は過去の世においてブッダを尊敬し、
存在するものはすべて初めからある（無生法忍《むしょうぼうにん》）という智慧を得《え》、
それを人々に伝えるための説得力（弁才）を得、
スーパーパワー（大神通《だいじんづう》）を用い、
長い呪文（陀羅尼《だらに》）を身に付け、
畏れなき者となり、
魔を降し、
深遠な法に通じ、
般若の智慧（般若波羅蜜）によって、悟りの彼岸に達した者であり、
人々に対する素晴らしい導き方（巧みな方便）を発揮し、

大願を成就し、
衆生心の欲するところを、よく知っており、
衆生の持っている生得的な力（機根）が、上等か否かをよく見抜き、
彼ら一人ひとりに叶《かな》った法を説き、
仏道において心が熟しており、大乗を決定し、
行為するに当たっては、事前によく考え、
ブッダと同じふるまいをなし、心の広くて深いことは海のようであり、
あらゆる仏たちから賞讃される者となり、
帝釈天《たいしゃくてん》、梵天《ぼんてん》、その他あらゆる世を護る神々（四天王）から尊敬を受け、
衆生を済度するために、民衆とともに、ヴァイシャーリーに住んでいる。
彼は大変なお金持ちで、その私財を投じて貧民を救済した。
在家の居士であったが、坊さんと同じように戒律を護り、
民家に住みながら、世俗世界（欲界、色界）に執着せず、
妻子を持ちながら、仏道（梵行《ぼんぎょう》）の生活をしている。
従者たちがいても、自分は常に俗世間から離れることを楽しんでいる。

装飾品で身を飾っているが、むしろその姿形（相好《そうごう》）の方が勝れている。
飲食しても、常に禅味（禅定の喜び）を楽しむ。
遊技場にも出入するが、遊戯を通して人を救う。
いろいろな宗教の話を聴いても、正しい信仰を失うことはない。
世俗の書物やしきたりに通じていても、仏法は手放さない。
すべての人に最上の供養をもって敬われる。
正法を護って、大人や子どもをよく導く。
婬舎に入っていって色欲の過ちを示す。
酒場に入って放逸を誡《いまし》める。
社会に貢献しても、それを歓びとはしない（自分だけで享受することはない）。
どんな位の人からも尊敬される。

以下まだ続きますが、維摩居士という人を知るには、これだけでもすでに充分でしょう。しかもこの維摩居士は、凡人が持ち得ないような超能力をも持ち合わせていたのですから、まさに鬼に金棒ですね。

このように、まず経の主人公であるこの居士を、これでもか、これでもかというように、言葉を尽くして絶讃します。その絶讃はそのまま、大乗仏教における理想的人間たる「菩薩」への讃辞であることは、言うまでもありません。『維摩経』ではさらに、詳しくこの人物を紹介していきます。そしてこれらはすべてそのまま、この維摩居士という人が示している、大乗仏教の本質そのものなのです。

『維摩経』の「方便品第二」は、このような維摩居士の示された、深いハタラキを説いたものであります。

維摩居士の病気

さて、このように方便の巧みな維摩居士は、いま自分の部屋で病気を装って床に伏せています。そのこと知ると、ヴァイシャーリーの国王、大臣、役人を始め、一般の人々が何千人と、病床へお見舞いに出掛けました。

言うまでもなく維摩居士の病気は、人々に人間の真実を示そうとする手段としての仮病なのです。ですから維摩居士としては、仮病とも知らずに見舞いにやって来たこれらの人々こそ、大乗仏教の道を説くよき相手というわけです。たとえば彼は人々に向かって、人間の身体というものはどういうものかについて、次のように話します。

身体というものは無常なもので、あまりにも壊れやすい。
身体の命は短く、苦しみの固まりにすぎない。
身体は病気にもかかりやすいから、頼りにならない。
身体は病気の器のようなものだから、賢い人は、こんなものに頼らない。
身体は水の泡のようなもので、しょせん長くは持たない。
身体には中核というものがなく、ただ骨が筋肉で結ばれているだけの器官だ。
身体は心の倒錯から生じたもので、ほんとうは夢、幻のようなもの。
身体には前世の行ない（宿業《しゅくごう》）が映っている、影のようなもの。
身体は稲妻のように一瞬のもので、長くは留まらない。
身体は縁によって成り立っており、全体を支配するような中心がない。

身体は大地と同じでハタラキがない。
身体は水と同じで非我である。
身体は火と同じで寿命がない。
身体は風と同じで我《が》がない。
身体は虚空のようであって、自性《じしょう》がない。（以下略）

お気付きのように最後の方は、人間の身体を地・水・火・風・空の五つの要素（五大）で説明したもので、ご存じのようにお墓の五輪塔は、それを象徴しているのです。さらに、

この身体は古い井戸のように、老いるばかりで長く続かず、結局は死をもって最後とするのである。

だから、このような身体は厭《いと》うべきであり、「如来の仏身」に対してこそ、信順の気持ちを起こすべきである。

では、「如来の仏身」とはどういうものなのか。最後に、それを次のように説いています。

如来身（仏身）とは法身《ほっしん》のことであり、それは功徳から生じ、智慧から生じ、三学（戒・定・慧を守る）から生じ、慈悲・喜捨・布施から生じ、三昧（坐禅）から生じ、解脱から生じ、諸波羅蜜から生じ……。（以下略）

と、この肉体に対する執着を離れさせるための条件を、維摩居士はくどくどと説き続けるのです。それを聴くと病気見舞いにやって来た何千もの人々はみな、自分もぜひそのような無上の悟りを得たいものだ、という熱い心を起こしたというのです。ここで、第二「方便品」が終わっています。

維摩居士が仮病を使って人々を見舞いに来させたのは、人間の身体というもののの虚しさを説いて聴かせ、集まった人々をして、自己の身体に対する執著から解放させてやろうという、大乗的な慈悲心であったのです。

ちょうどこの原稿を書いている今、世界中の人々は、新型コロナウイルスの感染に恐れおののいています。なんと世界中の感染者が現在（二〇二〇年十二月一日）で六二七〇万人、そのうち亡くなった人が一四六万人にも上る、と報道されています。

人々は見たこともないウイルスに対抗して、マスクを掛けたり、手を消毒したりしていますが、万物の霊長と言いながら、人間の身体というものは、なんと弱くはかないものなのでしょう。

古歌に、

　引き寄せて　結べば草の　庵《いおり》にて
　　解くればもとの　野原なりけり

と歌われている通りです。

人間には幸いに、このように肉体のはかなさを知る智慧が与えられています。それではそのような真実を見抜く智慧というものは、いったいどういうものか。それをズバリ説いているのが、まさにこの『維摩経』という経典なのです。

そして、そういう真実に一日も早く気付き、目覚め、正しい智慧によって生きる人こそ、まさしく「菩薩」と呼ばれるべき人なのです。しかし話は決して、そう簡単なものではないようです。

次の「弟子品《でしぼん》」では、ブッダの弟子や菩薩たちが、かつて維摩居士によって自分の持っていた浅はかな自己満足を、徹底的に暴かれるという、恥の告白が説かれます。

仏弟子たちの告白――弟子品《でしぼん》第三

見舞いを断る弟子たち

維摩居士が病いの床に伏せていることを、神通力で知られたブッダは、弟子の中の長老である舎利弗《しゃりほつ》に対して、維摩居士の病気を見舞いに行くように指示されます。すると舎利弗は即座に、「自分はとても維摩居士のところへは行けません」と、その理由を述べてお断りするのです。

この「弟子品」では、舎利弗だけではなく、ブッダから維摩居士の病気見舞いを命じられた弟子たちは、みんなお断りです。理由はそれぞれが、ブッダの説かれた教えに対する自分の考えや行動について、維摩居士からその思い違いを根本的に指摘され、大恥をかかされたからだったのです。

ここでは、ブッダの弟子によって、それぞれに維摩居士から受けた厳しい批判が語られますが、その批判の一つひとつは、そのまま従来の上座仏教で説かれていた仏道修行に対する批判であり、これによって新しい大乗仏教の教理がどのようなものかを示そうとするのが、この「弟子品」の内容です。

では、まずトップバッターの舎利弗から、その恥をかいた理由を聴いてみましょう。

舎利弗の坐禅

あるとき私（舎利弗）が樹の下で坐禅をしていました。するとそこへ維摩居士がやって来られ、私に向かって次のように批判されたのです。

舎利弗さん、あなたのやっているのは坐禅（宴坐《えんざ》）ではありませんよ。坐禅というものはそのように、わざわざ行なうものであってはならないのです。ほんとうの坐禅というのは、身体や心には見えないようにするものです。

心が静かに落ち着いた状態（滅尽定《めつじんじょう》）のままで、しかも日常生活（行住《ぎょうじゅう》坐臥《ざが》）が、活発になされていること。

すでに聖者の人格を具《そな》えていながら、しかもごく普通の凡人のように見えていること。

心が内にも外にも向かわないような状態であること。

煩悩の苦しみから離れないで、しかも涅槃の安らぎのただ中にいること。

とまあ、このような坐禅でなければならない、と維摩居士はおっしゃるのです。最後の一行こそ、よく知られた「不断煩悩《ふだんぼんのう》、得涅槃《とくねはん》（煩悩を断たないままで、涅槃を得ていること）」という語の典拠なのです。

ご承知のように、ブッダの弟子たちは、雨の降る季節、つまり四月十五日（または五月十五日）から三ヶ月の雨期のあいだは、外へ出歩きますと知らず知らずのうちに草木や小虫を踏み殺してしまうので、そのあいだは洞窟や寺院にこもって、反省と学習をしたのです。これに倣《なら》って今日《こんにち》の日本の禅の修行道場でも、五月から七月までの修行期間を「雨安居《うあんご》」と呼んでいます。

現在、日本の修行道場でなされている禅僧の生活は、時代がずっと下った中国宋時代の一一〇三年に、長蘆宗賾《ちょうろそうさく》という方が制せられた『禅苑清規《ぜんねんしんぎ》』という、禅僧たちの生活集団、つまり叢林《そうりん》（僧伽《そうぎゃ》・サンガとも）の生活規則に基づいています。

そして「坐禅」は、その中に制せられている坐禅のしかた、つまり『坐禅《ざぜん》儀《ぎ》』というものに従って行なわれていますので、やっぱり、修行道場での坐禅は日常生活とは別に、坐禅堂の中で実践されています。

しかし、維摩居士は、そのような日常生活とは別に行じる、わざとらしい坐禅は、形式に囚われたもので、坐禅の本質から離れたものだ、と批判したのです。

目連《もくれん》の説法

そこでブッダは、長老の目連（大目犍連《だいもっけんれん》）に、病気見舞いを命じられました。するとかれもまた、次の理由でお断りしたのです。

あるとき、私がヴァイシャーリーの街の辻で、在家の人々を相手に説法しておりますと、維摩居士がやって来られて、法はあなたのように説くものではありませんと、次のように言われました。

法というものは、その法の通りに説かなければなりません。
法は衆生の汚《けが》れなどを、とっくに離れたものなのです。
法にはこれだというような我《が》の垢《あか》は付いておりません。
法には寿命がありません。生死《しょうじ》を離れたものですから。
法には人《にん》というものがありません、限定がありませんから。
法は寂然《じゃくねん》として、姿がありません。
法は言語を絶して、名前などはありません。
法は悟るということがなく、説くということもありません。
法は虚空のようなもの（空性《くうしょう》）で、形がありません（無相《むそう》）。
法は他のものと比べようがありません。
法は空《くう》であって、そこには原因とか縁とかいうものはありません。
法には生も滅もなく、形のないものですから、知ることはできません。

（以下略）

そのような法を、わざわざ人に対して説くということは、いったいどういうことなのですか。他人に対して法を説くなどということは、もともと空である法を、不必要に増幅するだけで、聴く者もまた、不必要なことを聴かされているだけじゃないですか。

そのような不必要に増幅された法を説くということは、まるで幻《まぼろし》として現われている人間が、幻の人間に法を説いているようなものでしょう。

あなたは何よりもまず、人々が生まれつき持っている能力（機根《きこん》）を、よく知っていなければなりません。

智慧の眼でよく相手を見抜き、大悲の心で大乗という教えを称《たた》え、ブッダの恩に感謝し、心は清らかで、法の言語に通じており、仏法僧《ぶっぽうそう》という三《さん》宝《ぼう》を離れないようにして、説かなければなりません。

維摩居士がこのように言われると、傍らでこれを聴いていた八百人の家長たちがいっせいに、自分もそのような無上の悟りを得たいものだという、熱い心を起こしました。

そんなわけで私は、もう何も言えなくなってしまったのでした。

目連はブッダに向かってこのように告白して、維摩居士への病気見舞いを断ったのです。

大迦葉《だいかしょう》の乞食《こつじき》

次に指名されたのは、摩訶迦葉《まかかしょう》という仏弟子です。この人はブッダ教団の最長老で、平素、人々から「大迦葉《だいかしょう》」と仰がれていました。

序章でお話ししたようにこの人は、ブッダが入滅されると、中心になって経典や戒律の編纂会議（結集《けつじゅう》）を主宰した人です。ブッダより早くから出家して、婆羅門《バラモン》となっていた人なのです。

婆羅門というと、古代インドのカースト制度（四姓制度）の最高位である僧侶階級の人で、ヒンズー教聖典の学習や教授をしていた人々でした。そんな人が、わざわざヒンズー教徒であることを辞めて、新しくできたブッダ教団の弟子になっていたのです。そして彼は、ブッダの十大弟子の中でも、特に「頭陀《ずだ》第一と称えられていました。

「頭陀行」というのは、欲望を捨てるための苦行で、好んで墓場や林の中に住み込み、人々に食を乞い、一日一食の生活をします。貧しい衣服を着るなどして、十二項目の頭陀行（十二頭陀行）を実践することをいうのです。

この人があるとき山から出て来て、ブッダの前にやって来たとき、その身体があまりにも不潔であり、おまけにボロを着たままであったので、仏弟子たちは軽蔑の眼で彼を見たというのです。

しかしブッダは、弟子たちの驕慢心《きょうまんしん》を除いてやろうとして、大いに彼を歓迎したのです。ブッダを師と仰いで、その弟子となろうと決意して入門した迦葉でしたが、敢えて遠慮してブッダとは同席せず、別の席で坐禅をしていたといいます。偉いものですね。

ところがこの迦葉さん、ブッダから維摩居士の病気見舞いを命じられると、言下にお断りです。その理由はいったい何だったのか、聴いてみましょう。迦葉はおよそ、次のように述懐しています。

あるとき私（迦葉）は食を乞うため、貧民窟に入っていったのです。するとそこへ維摩居士がやって来られ、私に向かって、次のように言われました。

迦葉さんよ、あなたには慈悲心があるようですが、平等ではないですね。お金持ちの家でなくて、貧民の家へ物乞いに行くとはまた。

平等ということを知った上で、それぞれに応じた乞食をすべきです。いつもすべての人をよく知って、食を乞うべきです。

食べないために、食を乞うべきです。

他人を個人とする考えを打破するために、食を乞うべきです。

村の中には誰もいない（空聚《くうじゅ》）、という思いをもって、村に入っていくべきです。

食を受けないことが、ほんとうに食を受けることです。

人の姿を見ないように、声はこだまと思って聴き、匂いを風のように嗅ぎ、味無き味を味わい、相手に触れないように、知をもって相手に触れるべきです。

一握りの食であっても、あらゆる衆生に施し、あらゆる仏たちに捧げ、その後で初めて自分も食べるようにすれば、それは汚《けが》れをもって食べるのでも、汚れを離れて食べるのでもないのです。

坐禅のままでもなく、坐禅から立ってでもないというように食べるべきです。

それは迷いの輪廻《りんね》の中にいるのでもなく、悟りの涅槃の中にいるのでもない、というようにして食べるべきです。

偉いお方よ。誰かがあなたに食を施したとしても、彼らはそれによって、大きな果報も小さな果報も受けるわけではありません。(以下略)

このような維摩居士の話を聴いて私は、今後、自分は人々を、このような素晴らしい大乗の道以外には導かない、と心に決めたのです。

というわけで、「維摩居士のようなすごい人を見舞うことは、私にはとてもできませんと言って、この人もまたお断りしたというわけです。

さて次にブッダは、長老の須菩提に矛先を向けました。するとこの須菩提さんもお断り組の一人です。彼が見舞いに行けないのには、次のような理由があったからです。

須菩提《すぼだい》の食事

あるとき私（須菩提）は、維摩居士の邸宅へ、食事を乞いに参りました。維摩居士は、私の差し出した鉢《はつ》（托鉢のとき捧げ持つ大きな鉢《はち》）の中へ、いっぱいご馳走を入れてくださってから、私に向かって次のように言われました。

須菩提さんよ。あなたが「食《じき》の平等」ということをご存じだったら、この世界に存在するもの（一切法）もまた、すべて平等であるということは、よくわかっておられるでしょう。それさえわかっておられるのならば、どうぞ、この私の食をお受けになってください。

もしあなたが、自分というものに対する執着を捨てないままで、しかも他人と仲良く、真実の道を歩こうとされるなら、どうぞこの食を受けてください。

もしあなたが、迷い（無明《むみょう》）と自己への執着を捨てないままで、しかも智慧と解脱《げだつ》を得ておられるならば、どうぞこの食をお受けください。

もしあなたが凡夫でもなく、また聖者でもないとおっしゃるならば、どうぞこの食をお受けください。

もしあなたが、ブッダにも会わず、その教えも聴かず、僧の集団にも入らずに、外道《げどう》の師につかえ、彼らに従って自分も行く、と言われるのなら、どうぞこの食をお受けください。

あなたは両極端と中道との、正しい認識を得ておられないとしたら、煩悩のままで清浄を得る、というようなことはできないはずです。

もしそんなあなたにさえ食を施そうとするような人があるとすれば、悪いけどその人は、あなたとともに、地獄へ真っ逆さまに堕ちていくでしょう。
そうなればあなたは、あらゆる悪魔とともに生き、あらゆる煩悩があなたの友となります。そうなれば、煩悩そのものが、あなたの本質なのです。あなたがブッダを誹《そし》り、その教えの悪口を言い、僧団にさえも入らない、というのでなければ、とうてい涅槃の安らぎになど入ることはあり得ないでしょう。もしあなたがそういう人であれば、どうぞこの食をお受けください。

維摩居士からこんなことを言われて、私はもう心が真っ暗がりになり、鉢を捨てて家を去ろうとしました。すると維摩居士は、追っかけるように、次のように言われたのです。

須菩提さんよ、私の言うことなんかに怖れないで、この鉢をお取りください。あなたはブッダの親切な教えが恐いのですか。言葉というものは、仮に発せられるもので、中身なんか、何にもありませんよ。

維摩居士がこのようにおっしゃると、傍らにいた二百人の天子たちは、自分の汚れを離れ、清浄な法眼《ほうげん》を得、真理に入る智慧を得たのでした。そしてこの私はというと、ただ返す言葉もなく、立ちすくんでしまうばかりでした。

こうして須菩提は、維摩居士のすごさに恐れを抱き、お見舞いに行くのを断るというのでした。ここまで読んできますと読者のみなさんも、ようやく『維摩経』という経典の独得な内容に、少し馴れてこられたのではないでしょうか。そうです、維摩居士の説く「大乗仏教」というものの内容は、私たち凡人の持っている何でも二つに分けて考えてしまう、いわゆる「二元分別的な理解」では、とても理解できるものではないのです。

『維摩経』という経典はこのように、「煩悩を捨てないで、しかも煩悩を脱する」ことを説く、「不断煩悩《ふだんぼんのう》、得涅槃《とくねはん》」を説く「智慧の経典」なのです。

これを読んでいると私自身は、ギリシャの昔から、理想と現実を二つに分けて、人間のあるべき姿としての理想を追求してきた、いわゆる西洋哲学の「理想主義」(イデアリズム)というものの愚かさに気付くのです。

そして近代以降の先駆者たちが、今までの空虚な理想主義哲学に見切りをつけ、遠くの理想を追求することはやめて、時間・空間の規定の中で実存として存在するこの自分は、死を前にしていかに生きるべきかを探求しようとする「実存思想」へと転換した必然性の再確認と、そんなことなら『維摩経』がすでに、二〇〇〇年も前に説いていたという、大乗思想の先見性とに、今さらのごとく驚くばかりです。

実は私は若い頃、デンマークの実存哲学の思想家ゼーレン・キェルケゴール(一八一三~一八五五)の、「逆接弁証法」と呼ばれる独得の思想研究に、ずいぶんのめり込んだことがありました。キェルケゴールという人は、その独得の実存思想によって、自分のキリスト教信仰の内容を説明しようとしたのです。

当時(十九世紀)ドイツではヘーゲル(一七七〇~一八三一)が、定立(テーゼ)と反定立(アンチテーゼ)の両方を止揚(アウフヘーベン)してその総合(ジンテーゼ)に達し、さらにそれに対して起こるアンチテーゼとの総合を求めていくという、きりのない弁証法的発展が、やがて最終的には神(絶対的真理)に到達するのだという、いわゆる「観念弁証法的」な歴史観を唱えていました。

ところがこのような弁証法的発展には、いつまで進んでもきりがない。それどころか、そうして到達した神も、やはり相対的な神にすぎないではないかと、真っ向から反論したのが、キェルケゴールという、単独的キリスト者であったのです。単独的キリスト者（単独者）とは、神と向きあう独りの人間という自覚を持った信仰者をいいます。

彼の弁証法は「実存弁証法」と呼ばれ、彼は単独者として、ヘーゲルのような「あれもこれも」ではなくて、「あれかこれか」という二者択一の決断によって、飛躍的に神の愛と一致する、いわゆる「信仰神秘主義」を唱えたのです。

彼は教会に詣る一般のキリスト者の信仰が、ただ神に祈ることだけで神に近づこうとすることを批判し、むしろ単独者として自分の「罪の深さ」を見つめることこそ、神に救われる唯一の道だとしたのです。

自分が罪深い存在であることを自覚して神の前に立つとき、その落差の大きさによって、神の愛が「瞬間」に注がれるのだという、いわゆる「実存弁証法」を主張したのです。

私は今、維摩居士の説く「煩悩の苦しみの中で、そのまま涅槃の安らぎを得る」という大乗の思想を読むとき、キェルケゴールに先立つこと二〇〇〇年前のインドで、すでにこのような素晴らしい思想が唱えられていたことに、改めて大きな驚きを感じるのです。

富楼那《ふるな》の説法

さて次は、富楼那（富楼那弥多羅尼子《みたらにし》）というお弟子さんの出番です。この人はブッダの弟子の中で、「説法《せっぽう》第一」と仰がれていた人です。あるときこの人が、大きな森の一樹の下で、新参の比丘たちに対して説法していると、例によって維摩居士がやって来て、次のように言ったというのです。

富楼那さん、あなたはまず自分で静かに坐禅して、これらの比丘たちの心というものをよく観察してからでないと、法を説いてはいけません。素晴らしい宝の器に腐ったものを盛るなんて、とんでもありません。これらの比丘が何を望んでいるかということを、まずよく知ってからでないと、瑠璃の宝石をガラスの石と混同することになってしまいます。

あなたは比丘の宗教的能力（機根《きこん》）を、よく観察しもしないで、まるで能力などない者のように、思い込んではいけません。そんな偏見によって、大道を歩もうとしている比丘を、小さな裏小路に引き込んではいけません。

大海の水を、牛の足跡のような小さいところに、注いではいけません。太陽の光を蛍の光にしてしまってはいけません。

今、話を聴いている比丘たちは、自分がすでに大乗によって救われていながら、そのような大切な悟りの心（菩提心《ぼだいしん》）に気付いていないだけです。小乗仏教の目指す悟りの世界（声聞乗《しょうもんじょう》の悟り）など、決して正しいものではないのです。

そう言いながら維摩居士は比丘たちを坐禅の静かな境地（三昧《ざんまい》）に入らせ、それぞれが過去に犯した過ちを思い起こさせたのです。それによって比丘たちは初めて自分の本心に気付き、維摩居士の脚元にひれ伏したのでした。

それを聴いていて私は、小乗の声聞のように、人が持っている能力もわからないままに、彼らに法を説いてはならないのだ、とつくづく思い知らされたのです。そういう訳で私は、あの維摩居士の病気見舞いになど、とても行けたものではありません。

すでにおわかりのように、ここには人に向かって不用意に法を説くことが、誡《いまし》められているわけです。確かに私たちはどうかすると自分の一人合点でよかれと思い、相手の理解する力（機根）も確かめないままに、かえって相手を間違った道に誘い入れることが多いのです。お互いに心すべきことではないでしょうか。

大迦旃延《だいかせんねん》の論議

次にブッダは長老の大迦旃延（摩訶迦旃延《まかかせんねん》）に、病気見舞いを命じられましたが、彼もまた、次のような理由でお断りしました。

あるとき、ブッダが教えの要として、無常、苦、空、無我、寂滅を説かれたとき、私はそのお言葉を、集まっている人々に、よりはっきりさせてやろうと思って、無常、苦、空、無我、寂滅の意味について詳しく説いていました。するとそこへ維摩居士がやって来られて、次のように言われたのです。

あなたは、生じたり滅びたりすることが真実の法だ、などと説いてはいけません。過去、現在、未来にわたって、もともと何も生じないし、また滅びもしない（不生不滅）、ということこそが、「無常」ということのほんとうの意味なのですから。

そもそも、この人間の存在を形成している五つの集まりである五蘊《ごうん》（色《しき》、受《じゅ》、想《そう》、行《ぎょう》、識《しき》）そのものがないのであって（空性《くうしょう》）、そこに「苦」なんか生じるわけがないのです。

我と無我とは一つである（不二《ふに》）というのが、「無我」のほんとうの意味であります。

自分というものでもなく、また自分をとりまく周りの世界でもない、というようなものは、しょせん燃えることもなく、燃えないものに「寂滅」などというようなことはないでしょう。実は、寂滅しないということこそ、寂滅のほんとうの意味なのです。

維摩居士がこのように説かれると、集まっていた比丘たちの心は、みんな無執着《むしゅうじゃく》になり、煩悩の流出というような間違いから、解放されたのでした。

これが大迦旃延の断りの理由でした。

阿那律《あなりつ》の神通力

そこでブッダは次に、「天眼《てんげん》第一」と評判のある阿那律に、病気見舞いに行くよう命じました。「天眼」というのは、神通力によってすべてのものを見通す智慧のハタラキで、いわゆる六神通《ろくじんづう》の第一とされる超能力のことであります。

するとは阿那律は次のように述べたのです。

あるとき、私は経行処《きんひんじょ》で、経行をしておりました。

因みに「経行」というのは、ゆっくりと歩くことです。「経（スッタ、sutta）」というのはもともと布の縦糸《たていと》のことで、経行は坐禅の心境（禅定三昧）のままで、静かにまっすぐ、一定の場所を行ったり来たりすることです。

今でも禅の道場で、長い坐禅の合間に行ないますので、禅堂で坐られたことのある方は、ああやっと経行の引磬《いんきん》がなったと、ホッとされた経験をお持ちではないでしょうか。

私が経行をしていますと、天から、厳浄《ごんじょう》（美しく飾られたという意）という梵天《ぼんてん》（古代インド教の神）が、一万人の家来を連れて清らかな光明を放ちながら降りて来られ、頭を地面に着けて礼拝（稽首《けいしゅ》作礼《さらい》）して、「阿那律さん、あなたは天眼を身に付けられているそうですが、その神通力によって、どこまで見通すことが、おできになりますか」と問われたのです。

そこで私は、「天眼によってこの仏の三千大千世界を見ますと、まるで世界がこの掌《てのひら》の上に置いたマンゴーの果実を見るように、はっきりと見えるのです」、と答えました。するとそこへ維摩居士がやって来て、地面に頭を着けて礼拝され、次のように言われました。

阿那律さん。あなたの天眼はわざわざ身に付けられたものですか。あるいはわざわざ身に付けたものではないのですか。もしわざわざ身につけられたものなら、そんなものは異教徒のいう神通力じゃありませんか。もしそんなものではない、とおっしゃるなら、「無為《むい》（何もしないこと）」ですから、見るなどということも、あり得ないでしょう。それなのにあなたはいったいどのようにして、世界を見通した、などと言われるのですか。

これを聴いて私は何も答えられませんでした。すると傍らに居た梵天たちは驚き、維摩居士を礼拝して、「この世界で、そのような天眼を具えた人は、いったい誰ですか」と尋ねますと、居士は彼らに向かって次のように答えられたのです。

この世では、ブッダこそ、その天眼の持ち主なのです。ブッダは禅定《ぜんじょう》（坐禅）の境地に入ったままで、あらゆる世界をご覧になり、しかも、自分と世界を分けない「無分別」によって、世界を見通されるのです。

すると厳浄梵王と五百の梵天たちは、自分たちも是非そのような素晴らしい悟りを得たいものだと決意し、維摩居士の脚に頭を着けて礼拝して、天に帰って行きました。

これが阿那律の告白であったのです。

優波離《うぱり》の持律《じりつ》

そこでブッダは、弟子の中でいちばん真面目に戒律を守っている長老の優波離に維摩居士の見舞いを命じられたのですが、彼もやっぱりお断りします。そしてその理由を、次のように告白します。

以前、戒律を犯してしまったという二人の仏弟子が、「私たちは恥ずかしくてブッダの前には出られませんので」と言って、私のところにやって来ました。

そして「なんとか、この破戒の咎《とが》を免れさせてください」と言ったのです。それで私は、彼らに罪を悔いる方法を教えてあげたのです。するとそこへ維摩居士がやって来て、「どうしてあなたは、彼らの罪を、この上さらに重くしようとするのですか。むしろ早く彼らの罪を軽くしてあげるべきではないですか」と、次のように言われたのです。

優波離さん、あなたはこれら二人の過ちをこれ以上増やしたり、汚れたものにしないで、その罪に対する後悔を取り除いてあげるべきじゃないですか。

ほんらい罪というものは、内にも外にもなく、それらの中間にもないのです。なぜかと言いますと、ブッダは、「心が汚れれば衆生は汚れ、心が浄《きよ》められることによって衆生も浄くなる」と説かれているからなのです。そしてその「心」もまた、自己の内にもなく外にもなく、その中間にもありません。罪もまた同じことです。それどころか、あらゆる存在（一切法）も同様で、要するに「真如《あるがまま》」の外には出られないのです。

優波離さんよ、いったい「心」が解放されるとき、そこに汚れなどというようなものがあるのでしょうか。

私が、そんなことはありません、と答えますと居士は、そうです、すべての人（一切衆生）の心の本性には、汚れなんかないのです。

そもそも分別がなく、妄想のない、というのが心の本性です。

倒錯などないのが、心の本性です。

自我があるというのは汚れであって、無我であれば、心は清浄なのです。

優波離さんよ、すべての存在は生滅するものです。それは幻のような、雲のような、稲妻のようなもの。

あらゆる存在は水に映った月、鏡に映った像のようなもので、ただ心のハタラキによって起こったものにすぎないのです。

このようにわかる人があれば、そういう人こそ戒律を保っている人（持律者）と言えましょう。


これを聴くと二人の比丘は、罪を後悔するというような疑念から解放され、自分たちもそのような、無上の正しい悟りを得たいものだ、と決意したのです。これを聴いて、私は恥ずかしさでいっぱいでした。

羅睺羅《らごら》の出家

そこでブッダは長老の羅睺羅を指名されましたが、彼もまたお見舞いに行けないとのことでした。

もともとこの羅睺羅というお弟子さんは、ブッダが城を出て沙門《しゃもん》となられる前、つまりシッダールタ太子であった頃に、太子の独り子として生まれていた子どもだったのです。

羅睺羅は梵語ラーフラ（Rāhula）の音写で、その意味は覆障《ふくしょう》という意味のようです。覆障とは、ブッダが城を出てから、菩提樹の下で悟りを開かれるまでの六年のあいだ、母の暗い胎内にいて、月明を遮《さえぎ》られていたからだと言われています。不思議な話ですね。そして成人すると、ブッダの弟子となって舎利弗につかえた、と言われています。

宇治の黄檗山萬福寺《おうばくさんまんぷくじ》にお参りすると、大雄宝殿《だいおうほうでん》（仏殿）に、大きな十八羅漢さんの木像が立ち並んでおられます。その中に自分の腹を断ち割って、腹中の小さな仏像を見せておられるのが羅睺羅です。いかにも黄檗宗らしい中国的な像です。

ともあれこの羅睺羅は、「密行第一《みつぎょうだいいち》」と言われるほどに、超真面目なお弟子さんだったようです。

あるときヴァイシャーリーの街から、長者の息子たちがやって来て、「あなたはブッダがまだお城の王子であったとき、そのお子さんだった方ですね。それなのにどうして、王位を捨ててまでして出家されたのですか。出家などして、どんな利益があるというのですか」と尋ねました。

そこで私は得々と出家の功徳を言って聴かせました。そこへ維摩居士がやって来て、「羅睺羅さん、出家ということには、利益も功徳もないでしょう。それなのに出家の功徳などと説いてはいけませんぞ」と言われたのです。

出家というものには、それなりの功徳があるとも言えるし、また何の功徳もないとも言える、またその中間でもない。出家というものは、そういうような一切の区別を超えるものだと、真の出家たるべき者の条件を、次のように述べられたのです。

出家とは、あらゆる姿形を離れたものである。
出家には、始めや終わりがない。
出家こそ、安らぎ（涅槃《ねはん》）への道である。
出家こそは、もろもろの悪魔を降伏し、
迷いの地獄・餓鬼・畜生・修羅・天上（五道《ごどう》）を超え、

肉眼《にくげん》・天眼・慧眼《えげん》・法眼・仏眼《ぶつげん》（五眼《ごげん》）を浄め、
信力《しんりき》・精進力・念力・定力《じょうりき》・慧力《えりき》（五力《ごりき》）を得、
信根・精進根・念根・定根・慧根（五根《ごこん》）によって悩みがなく、
諸々の雑悪《ぞうあく》を離れ、
諸々の外道《げどう》を摧《くだ》き、
概念という名（仮名《けみょう》）を超越し、
愛欲の泥沼を渡る橋となりながら、執着することはなく、
わが物とか、われ在りというような考えを離れ、
執着も混乱もなく、
内には喜びを懐《いだ》き、外には衆生の心を護り、
禅定（坐禅）によって、つまらぬ禍《わざわ》いを離れる者である。

維摩居士は、このように切々と、真の出家の条件を挙げられました。そして若者たちに、すぐにも出家するよう薦められたのです。これを聴くと若者たちは、「親の許しのない限り出家してはならない、と聞いていますが」

と言いました。

これに応えて居士は、「みなさん、この上もない悟りを得ようと決心し、修行に励むならば、それで立派な出家であり、別に頭を剃ったり、家を出たりする必要はないのです」と答えられました。

これを聴くと、三十二人の若者たちはみな、そんな素晴らしい悟りを得たいものだ、という心を起こしたのでした。こうして羅睺羅もまた、維摩居士の病気見舞いを断ったのです。

阿難《あなん》とブッダの病気

さて、次にブッダは阿難尊者に向かって、維摩居士のお見舞いに行くよう指名されましたが、彼も次のように申し開きをしたのです。

阿難というお弟子さんは、仏弟子の中でも「総持《そうじ》第一」と仰がれていました。総持というのは、仏の教えをよく保って忘れないことで、この人はお弟子さんの中でも特に、「記憶第一の阿難」といわれ、ブッダの説かれたことを、いつまでもそらで覚えていたようです。その阿難は、維摩居士との出会いについての苦い経験を、次のように語りました。

ブッダが病気をされたときのことでした。ご養生のためにミルクが必要でしたので、私は鉢を持って、ある婆羅門のところに参りました。そのお屋敷の大きな門のところに着きましたとき、維摩居士がやって来られて、私に礼拝《らいはい》され、「あなたはどうして托鉢の時間でもないのに、鉢など持って、何をなさっているのですか」と言われたのです。

それで私が、「ブッダは少しお具合が悪くて、ミルクが必要なので、もらおうと思って来たのです」と答えました。すると維摩居士は、次のように言われたのです。

阿難さんよ、それはとんでもないこと。あなたは何を言われるのですか。ブッダのお身体は、ダイアモンド（金剛石）のように堅固じゃないですか。ブッダを誹《そし》るようなことを言ってなりません。さあ、黙って早くお帰りなさい。そんなことを、天子やあらゆる仏国土から集まっている菩薩たちに聴かれてはいけませんぞ。

転輪王《てんりんおう》のような福の薄い人でさえ、病気をされたことはないというじゃありませんか。いわんや無量の善根を集めておられるブッダのような方が、どうして病いなんかに冒されることがあり得ましょうか。

そんな恥ずかしいことがもし他に知れたら、ブッダばかりでなく、私たちまで恥を蒙《こうむ》るじゃないですか。さ、見つからないうちに、早く帰ってください。

ところで阿難さんよ、そもそもブッダの身体は「法身《ほっしん》（形を超えた者）」ですから、食物によって養われるようなものではないはずでしょうに。

その身体は世間を超えたもの。そんな身体には苦痛などありません。

これを聞くと私は、自分はいったい今まで、ブッダから何を聴いていたんだろうかと、ほんとうに恥ずかしくなりました。するとそのとき、天から次のような声が聞こえてきたのです。

阿難さんよ、まったく維摩居士の言う通りです。しかしブッダという方は、わざとこの五濁悪世《ごじょくあくせ》の世間にお出ましになって、みずから病気という哀れな姿（貧法《ひんぽう》）を行じて、衆生を済度しようとなさっているのです。さあ、早く門に入ってミルクをもらいなさい。少しも恥じることはありませんぞ。

ブッダよ、維摩居士という人はまた、なんという智慧と弁才の持ち主なのでしょう。そんな恐ろしい人のところへ、今さらどうして行くことができましょう。

このように五百人の仏弟子（声聞《しょうもん》）たちが、それぞれに維摩居士との因縁を述べて、居士の見舞いを断わったのでした。

菩薩たちの告白――菩薩品第四《ぼさつぼん》

「弟子品」では、ブッダの弟子たちと維摩居士のやりとりという手法によって、大乗仏教というものの中身が、いかにブッダの説かれた仏教（根本仏教あるいは上座仏教）を本質的に超えるものであるかを、明らかにしようとしたものでした。

さて、この「菩薩品」に登場する菩薩たちはいずれも、先に述べましたように、大乗仏教が理想とする、「上求菩提《じょうぐぼだい》、下化衆生《げけしゅじょう》」を実践しつつある修行者たちです。

彼らは前章で登場した声聞や縁覚の境地にあるお弟子さんたちとは違って、それらのもう一つ上の菩薩乗《ぼさつじょう》という悟りの段階に達している修行者たちですが、しかもなお仏の世界に入って安住することを望まず、苦悩する衆生を見捨てず、衆生とともに生きて、苦しむ衆生を悟りの岸へ導こうとする修行者たちです。

ブッダは次に、これら菩薩たちに、維摩居士の病気見舞いを命じられるのですが、さて、どういうことになるか。菩薩ともなれば、今までの弟子たちと、どのように違う答えをするかが楽しみですね。

菩薩の境地にまで昇り詰めた修行者たちのことですから、在家の維摩居士との問答のやりとりには、やはりそれなりに深く味わいのあるものがあるはずですが。

まず、トップバッターは弥勒菩薩《みろくぼさつ》です。弥勒菩薩のことはみなさんよくご存じのことと思います。そうです、あの京都太秦《うずまさ》の広隆寺《こうりゅうじ》に祀られている弥勒菩薩さんのような方です。

弥勒の悟り

この弥勒菩薩（慈氏菩薩《じしぼさつ》とも）さんは、今は兜率天《とそつてん》という最も高い天界におられますが、ブッダが入滅されて五十六億七千万年の後に、この世に降りて来られ（下生《あしょう》）、その後を継いで仏になることを約束されています。このためこの菩薩は、「一生補処《いっしょうふしょ》（あと一生のみで仏となり得るという意味）の菩薩」と呼ばれています。

その弥勒菩薩に向かってブッダが、維摩居士の病気見舞いを命じられるのです。すると弥勒菩薩もやっぱり、次のように告白してお断りするのです。

私があるとき兜率天の王と従者たちに、この先はもはや退くことのない修行の段階（不退転地《ふたいてんじ》の行《ぎょう》）を説いていますと、折しも維摩居士がやって来られて、次のように言われました。

ブッダは、「あなたが悟りを得るのは、もうあと一生を残すだけだ（一生補処）」と予言されましたね。

でも、その「生」というのは、いったい過去の生ですか、未来ですか、あるいは現在の生ですか。

過去は過ぎ去ったもの、未来はまだやって来ていません。また現在の生は、ブッダが説かれているように、生老病死の一刹那《いっせつな》（一瞬）であり、生でも不生でもありませんよね。そうとなれば、いったいあなたはどの生においてお悟りを成就されるというのですか。

もし「その生は如生《にょしょう》だ」などと言われるのなら、「如生（真如としての生）」にもまた生も滅もないはずです。そのような生において、いったいあなたは、どのようにして悟りに達することができるのでしょうか。

そのような生ならば、すべて存在するもの（一切衆生）にも、聖者にも、すでに具わっているはずじゃないですか。そうだとすれば、あなたが悟りに達するとき、衆生だって同じように悟りに達するでしょう。そうなると、仏も衆生も同じということですね。

それなのにあなたのような説き方をして、これら兜率天の天子たちまでを、誤った方向へと導いてはなりませんよ。

そう言って維摩居士は、「悟り（菩提）」というものについて、次のように繰り返し説かれました。

菩提《ぼだい》（悟り）の世界は、そこへ入ったり、そこから出たりできるものではない。
菩提は、身体をもって得るものでもなく、心をもって得るものでもない。
寂滅《じゃくめつ》こそが、菩提である。
眼に見えないものが、菩提である。
動きや動揺のないものが、菩提である。
あらゆる先入観念から離れることが、菩提である。
あらゆる願いから離れることが、菩提である。
あらゆる執著を離れることが、菩提である。
法を離れないことが、菩提である。
心と存在の不二が、菩提である。
虚空に等しいから、菩提である。
無為と知は、菩提である。

このようにして維摩居士は菩提の内容を詳しく説きます。以下、それらを羅列しておきましょう。一つひとつには、それぞれ大切な意味がありますので、羅列するだけではもったいないのですが、それを説明していると、大学の講義にしても一年はかかってしまいそうです。要するに悟りの内容を詳しく説いてあるのです。

不会（判断しない）が菩提である。
不合（煩悩と合しない）が菩提である。
無処（形色がない）が菩提である。
仮名（名などない）が菩提である。
如化（実体がない）が菩提である。
無乱（静かである）が菩提である。
善寂（本性が清浄である）が菩提である。
無取（囚われがない）が菩提である。
無異（すべてを同じと見る）が菩提である
無比（比べるものがない）が菩提である。

微妙（知ることができない）が菩提である。

これを聴くと二百の天子たちは、すべての存在はみな不生である、という確信（無生法忍《むしょうぼうにん》）を得たのです。

「こういうわけで私は維摩居士のところへ行けません」と弥勒菩薩もまた、見舞いを断りました。

光厳童子《こうごんどうじ》と道場

次にブッダは、傍らにいた光厳童子という、この街の若者に、維摩居士の見舞いを命じました。今度は珍しく在家の人を指名されたのです。こういうところが『維摩経』ならではの自由な内容をよく示していますね。

光厳というのは、「光で飾られた」ということです。光厳童子という名前はどの仏教辞典を見ても出てきません。先述した『大乗仏典』7（長尾雅人訳）には、この人も菩薩であろうと書かれています。童子は次のように述懐します。

あるとき私がこのヴァイシャーリーの街を出て行きますと、維摩居士が街へ帰って来られるのに出会いました。私が頭を下げて挨拶し、「どちらからお帰りですか」と尋ねますと、「道場からです」と答えられましたので、「どちらの道場からですか」と言いますと、次のように、詳しくお答えになりました。

直心《じきしん》はこれ道場、虚仮《こけ》なきがゆえに。
発行《ほつぎょう》はこれ道場、よく事を弁ずるがゆえに。
深心《じんしん》はこれ道場、功徳《くどく》を増益《ぞうやく》するがゆえに。
菩提心《ぼだいしん》はこれ道場、錯謬《さくびゅう》（間違えること）なきがゆえに。
布施《ふせ》はこれ道場、報いを望まざるがゆえに。
持戒《じかい》はこれ道場、願いを満足させるがゆえに。
忍辱《にんにく》はこれ道場、人に対して憎しみの心なきがゆえに。
精進《しょうじん》はこれ道場、退くことなきがゆえに。
禅定《ぜんじょう》はこれ道場、ものに応じてよく動く心なるがゆえに。

智慧《ちえ》はこれ道場、ものを明らかに見るがゆえに。

以下、「慈悲喜捨《じひきしゃ》」という四無量心《しむりょうしん》もそのまま道場、さらにまた「神通《じんづう》」や「方便」、「多聞《たもん》」や「伏心《ふくしん》」などもみな道場だと説かれていきます。

そしてなんと、「諸煩悩《しょぼんのう》」もまた、如実を知って嘘がないから、大切な道場だ、と言うのですから、これぞまさに典型的な大乗の教えですね。

「直心」から「菩提心」まではいわゆる「四心《ししん》」であり、また、「布施」から「智慧」までは、ブッダの説かれた「六波羅蜜《ろくはらみつ》」、つまり悟りの彼岸に到るための六つの実践行でありますが、なるほど維摩居士の言われるように、それらを日々実践していくことこそが、道場のただ中にいることだ、ということであります。

よく禅宗のお寺に、「直心是道場」の書が掛けられていますが、これらは「直心」とは「虚仮《こけ》（偽り）のなきことだ」ということを思い出してくだされば、あなたの立っておられる〝そこ〟が、そのまま立派な修行の道場だというわけです。

まだまだ続きますが、維摩居士がこのように言われると、五百の天人はみな、自分もそういう悟りの智慧を得たいものだという、固い決意を起こしたのでした。
というわけで、光厳童子も維摩居士のところに行くのをお断りします。
するとブッダは持世菩薩《じせぼさつ》（世間をよく保つものという意）を指名されました。
持世菩薩は次のように、維摩居士との過去の苦い思い出を告白しました

持世菩薩の魔神《ましん》

あるとき私が家におりますと、悪魔の波旬《はじゅん》（殺者あるいは極悪の意）が帝釈天《たいしゃくてん》（梵天とともに仏法の守護神）になりすまし、一万二千の天女にとり囲まれ、音楽を奏でながらやって来て、私の脚に頭を着けて礼拝し、「どうかこれら一万二千人の天女をお受け取りください。そしてあなたの給女としてお使いください」と言うのです。

私は彼を、ほんとうに帝釈天だと思いましたので、「よくお出でになりました。たとえ欲望が満足できても、ただ欲しいままであってはいけないでしょう。欲望などというものはしょせん無常なものであると知って、そ

れよりも肉体や生命、あるいは財産の中に秘められている堅実なものを、しっかり捉まえるべきですよ」などと申しました。

ちょうどそこへ維摩居士が来られ、私に向かって「前にいるのは帝釈天ではなくて、悪魔たちがあなたをとりまいているのですよ」と言われました。そして自ずから悪魔の方に向き直り、「よろしい、それではこれらの天女たちを、私が受け取りましょう」と言われると悪魔は、維摩居士が自分を悩ますためにやって来たんだなと勘ぐり、身を隠して立ち去ろうとしましたが、身を隠すことも、天に戻ることもできません。

すると天から、「悪魔よ、天女たちをその人（維摩居士）に与えれば、天に帰ることができよう」という声が聞こえてきましたので、悪魔は恐れおののいて天女たちを、維摩居士に与えました。

維摩居士は天女たちに向かって、「悪魔は手を離したぞ。さあ、今こそ無上の智慧を得ようと、自分の心に決しなさい」と言いました。こうして維摩居士は天女たちに、仏道への志を起こさせたのです。

居士はさらに言われました。「仏道への志さえ持てば、欲望などによる楽しみとはまったく違う楽しみが得られるのです」と。天女たちが、「居士のおっしゃる法楽《ほうらく》というのを、是非教えてください」と言うと維摩居士は、「法楽」というものの内容を、次のように説いて聴かせるのでした。


仏を信じる楽しみ。

法を聴こうとする楽しみ。

坊さんに供養する楽しみ。

五官（眼《げん》・耳《に》・鼻《び》・舌《ぜっ》・身《しん》）の貪《むさぼ》り（五欲《ごよく》）を離れる楽しみ。

身体を形成する色《しき》・受《じゅ》・想《そう》・行《ぎょう》・識《しき》の五つの要素（五蘊《ごうん》）を怨賊《おんぞく》のようだと観じる楽しみ。

身体を毒蛇のようだと観る楽しみ。

道への志を護る楽しみ。

布施・持戒・忍辱を実践する楽しみ。

善い行ない（善根《ぜんこん》）を積む楽しみ。

坐禅（禅定《ぜんじょう》）の心境が乱れない楽しみ。

汚れのない智慧を得る楽しみ。
悟りへの心（菩提心《ぼだいしん》）を広める楽しみ。
悪魔を降伏《ごうぶく》させる楽しみ。
もろもろの煩悩《ぼんのう》を断じる楽しみ。
仏国土を浄《きよ》くする楽しみ。
深い法を聴いて、しかも畏《おそ》れない楽しみ。
空、無相、無願の三解脱《さんげだつ》を徹底する楽しみ。
道友に近づき、外道にも近づく楽しみ。
心の清浄を喜ぶ楽しみ。
法を修行する楽しみ。

維摩居士によれば、仏道を歩む者にはこのように、無限の楽しみが得られるのだと、「法楽《ほうらく》」の素晴らしさを、切々と説いたのです。

これを聴くと悪魔は、こんな話はもはや聴くに耐えずとばかり、天女たちに向かって、「俺はもうお前たちを連れて天宮へ帰るよ」と誘いますが、彼女らは、「あなたはすでに私たちを、この居士に与えたじゃありませんか。私たちは今や五欲なんぞを楽しもうなんて思っていません」とはね返します。

悪魔は言います。「居士さんよ、あなたはこの女たちを捨てるべきです。あなたは一切の所有を捨てるのが菩薩だ、と言ったじゃないですか」と。

維摩居士は言います。「私はとっくに捨てておりますよ。どうぞ、連れて帰るがよろしい」。天女たちは維摩居士に向かって、「私たちは、魔宮（悪魔の宮殿）へなんかに帰れません。この先どうすればよいのでしょう」と悲しそうに尋ねました。すると維摩居士は、次のように答えました。

「無尽灯《むじんとう》」という教えがありますよ。その意味は、一つの灯《ともしび》を百千灯に移すことです。ちょうどそのように、みなさん一人ひとりが菩薩となって、悪魔の世界に住む百千の迷える衆生に道心を起こしてあげれば、どんなに多くの人々が救われることでしょう。

これを聴くと天女たちは、それぞれに維摩居士の脚に頭を着けて拝み、いっせいに忽然《こつねん》として姿を消し、天宮へ帰っていってしまいました。

これを見ていた私は、維摩居士のその自由な神力、智慧、弁才に、すっかり驚かされてしまった次第です。今さらどうして、そんな維摩居士のところへなど行くことができましょう。

須達多《すだった》の食事会

さて、ブッダは次に、長者の息子の須達多（善徳《ぜんとく》）を指名しました。この人も今までに出て来たような菩薩さまではなくて、まったく在家の人です。そうはいっても、ブッダが指名するくらいですから、よほどの人物だったに違いありません。

そうです、この人こそは仏伝に登場する歴史上の人物で、相当な富裕層の人で、なにせ黄金を敷きつめたあの有名な祇園精舎《ぎおんしょうじゃ》をブッダに寄進した人だったのですから。その須達多さんもまた、維摩居士に弱みをつかまれた、苦い経験があるというのです。

菩薩たちの告白——菩薩品第四

あるとき私（須達多）は、自分の屋敷を開放して、沙門や婆羅門というような出家者はもとより、もろもろの外道、一般在家の貧しい人、苦難の人、困窮の人、あるいは物乞いに至るまで多くの人を招いて、七日のあいだ食事の会を開きました。

その最後の日に、維摩居士がやって来られて、「あなたのようにお金を使ってする施しには、まったく意味がありません。集まりは『法のための集まり（法会《ほうえ》）』でなくてはならないのです」と言われました。

それで私は、「法施《ほっせ》（財施ではなくて法を施すこと）とは、いったいどういう布施をすることですか」と尋ねました。すると居士は、次のように答えられたのです。

法会《ほうえ》には、始めと終わりという期間がなく、瞬時に一切の衆生に供養することです。さらに法会とは、

悟りの智慧（菩提）をもって慈悲心を起こし、

正しい教え（正法《しょうぼう》）を身に付けて、喜心《きしん》を起こし、

悟りの智慧によって、捨心《しゃしん》を実践し、
貪りの心を静めて、布施《ふせ》（物を与える）を行ない、
罪を犯した者を改心させるために、戒律を護り、
無我の教えによって、耐え忍び、
身心という形を忘れて、精進《しょうじん》努力し、
悟りを目指して、坐禅を実践し、
一切智によって、般若の智慧を身に付け、
衆生を救うために、自分の心を空《くう》にし、
眼に見える有の世界の中に、無相を見抜き、
生を受けながら、生を受けていないという心（無願の心）を起こし、
よく智慧を護って、ハタラキの力を発揮し、
方便《ほうべん》の力で、衆生を済度《さいど》し、
一切を敬う心で、自分の驕慢心《きょうまんしん》を抑え、
人々と和合することで、質実の心を起こし、
よい心をもって行為し、

心を浄くし、歓喜《かんぎ》して、賢聖《けんせい》（聖者）に近づき、
悪人を憎まずして、自分の心を調《ととの》え、
出家のように、深い心を起こし、
説かれた教えをよく聴いて（多聞《たもん》）、
争うことなく、静かに生活し、
仏の智慧を目指して、坐禅し、
衆生から苦しみの縛を解くために、自分の修行に励み、
よき姿になり、仏の浄土をいっそう浄くするために、福徳の行ないをなし、
衆生の心を知って法を説き、智慧への想いを起こさせ、
すべてのものは不取《ふしゅ》・不捨《ふしゃ》だという、一元の世界へ導き、
一切の煩悩・一切の障害・一切の不善を断じて、よき行ないをさせ、
一切の智慧を得ることによって、一切の仏道を助ける。

このようなことこそ、「法施《ほっせ》」と呼ばれて然るべきことだと、維摩居士は縷々《るる》述べられました。

そしてこのような法施ができる人であれば、その人こそ「大施主《だいせしゅ》」であり、「一切世間の福田《ふくでん》」、つまり、この世界の幸せを生み育てる田地なのだ、とおっしゃったのです。

これを聴くと二百人の坊さんたちは、みな改めて無上の悟りに向かって、固い決心を起こしました。私もまた心が浄められる思いでした。そこで維摩居士の脚を拝み、持っていた高価な飾り物を外して、居士に奉った次第です。ところが居士は、それを受け取ってくださらなかったので、「どうか私の志をお受けください」と申しますと、居士はそれを受け取って二つに分け、一つをこの会中で最も貧しい人に与え、もう一つは難勝如来《なんしょうにょらい》という仏に差し上げられました。

するとなんとその場所にいた人々はみな、光輝く国のこの上なき如来のお姿に変身されたのでした。そして私の捧げた飾り物は、なんとこの如来を祀る四本柱の透き通った台座となったのです。

そして、このような不思議なファンタジーから現実に戻られた居士は、次のようにおっしゃいました。

物を施す人（施主《せしゅ》）が、平等の心（等心《とうしん》）をもって、最も貧しい人に施しをするならば、それこそ如来さまの示される福田の姿そのものでありましょう。

誰彼と分別することなく、等しく慈悲を施し、しかも報《むく》いを求めなければ、これこそを「法施」と言うのです、と。

これを聴くと、城下街でいちばん貧しい生活をしている人々が、みな無上の悟りへの心を起こしました。こんなわけで私は、維摩居士のお見舞いは躊躇《ちゅうちょ》せざるを得ません。

これでやっと「菩薩品第四」が終わりました。どの品《ぼん》も、仏教の基本的な教えを基準にし、それらの一つひとつに対して、大乗仏教の立場から解釈し直そうとする内容になっています。

さて、次に登場してくるのは文殊菩薩《もんじゅぼさつ》です。

文殊菩薩の病気見舞い――文殊師利問疾品第五《もんじゅしりもんしつぼんだいご》

文殊の智慧

文殊菩薩の名を知らない人はいないと言っても、必ずしも過言ではないでしょう。そうです、あの「智慧の文殊さん」ですね。この名は梵語のマンジュシュリー（Mañjuśrī）を音写したもので、詳しくは文殊師利菩薩といい、その意味は「穢《けが》れのない、仏の智慧を表わす菩薩」ということです。意訳では、「妙徳」、あるいは「妙吉祥《みょうきっしょう》」などとお呼びします。また「法王子《ほうおうじ》」とも仰がれています。

みなさんがお釈迦さまの像の前に立たれますと、文殊菩薩は普賢《ふげん》菩薩とともに、脇士《わきじ》として立っておられるのをご存じと思います。これがいわゆる「釈迦《しゃか》三尊《さんぞん》」です。

因みに、阿弥陀如来の脇士は観世音菩薩と大勢至《だいせいし》菩薩で、これが「弥陀三尊」、薬師如来ですと日光《にっこう》菩薩と月光《がっこう》菩薩が脇士で、これが「薬師三尊」

ということになります。

こうして大乗仏教では、迷える衆生を仏さまへと導くための菩薩を、それぞれ脇士として、仏像の脇にお祀りしているわけです。

ところで文殊菩薩は、普賢菩薩の「行《ぎょう》」に対して、「智慧」を表わしておられる菩薩なのです。よく私たちも、「三人寄れば文殊の智慧」などと言って、文殊菩薩の智慧に憧れます。文殊菩薩は智慧の威力を表わすために、獅子に騎《の》っておられます。かたや普賢菩薩は、白象に騎って仏の右に侍《はべ》り、その「行」や「徳」を表わしておられます。

禅宗の修行道場では、坐禅堂の中央に「聖僧《しょうそう》さん」として、この文殊菩薩をお祀りし、これを囲んで坐禅することによって、その智慧に預かろうとしています。

このように、私たち禅僧にとっても親しい文殊菩薩が、今度はブッダの命を受けて、それを断ることなく維摩居士の病気見舞いに、そのお住まいを訪ねることになります。さあ、どういうことになるでしょうか。ここは『維摩経』の中でも、いちばん面白い場面です。

しかし、いくら文殊菩薩だからといって、そう簡単には行きません。維摩居士という人がどんなに恐ろしい人であるかを、この人はよく知っていたからです。文殊菩薩はブッダに向かって、次のように言いました。

尊き方よ、維摩居士という人はなかなか近寄れない人です。
彼は深く真実というもの（実相）を見抜き、
その重要なところを説いて聞かせ、
弁舌爽やかで、その智慧を妨げるものがありません。
すべての菩薩の言うこと為すことは、すでにご存じ。
仏たちの奥深い境地に入り込み、
あらゆる悪魔を降伏させ、
自由自在の神通力を発揮され、
その智慧と方便によって、あらゆるものを済度されています。
そういうすごい方ですが、仏さまのご指名とあらば、出掛けて行ってお見舞いをさせていただこうと思います。

文殊菩薩はこうして、どの弟子たちもみな懼《おそ》れて尻込みをした、あの恐るべき維摩居士の病気見舞いに出かけることになったのです。

その場にいてこれを知った八千人の菩薩や五百人の声聞たち、帝釈天、百千の天人たちは、文殊菩薩と維摩居士の対話ならば、さぞかし面白いやりとりになるに違いないと、ぞろぞろと後について維摩居士の臥しておられるヴァイシャーリーの街に入って行きました。

空っぽになった維摩居士の丈室《じょうしつ》

神通力によって、文殊や大勢のお供がやって来ることを、前もって知った維摩居士は、さっそく自分の部屋のすべてのものを取り除いて、部屋を空っぽにしました。そして傍らにいた侍者たちをもみな追い出して、自分一人がベッドの上に横たわっていたのです。

文殊菩薩と大勢の同伴者が維摩居士の部屋に着くと、なんと維摩居士は空っぽの部屋でただ独り、ベッドに横たわっているではないですか。

そして居士は、「文殊さん、ようこそいらっしゃいました。さすがはあなただけあって、来ないで来られる（不来相《ふらいそう》）とは、これは恐れ入りました。それではは私も見ないでお迎え（不見相《ふけんそう》）することにしましょう」と言いました。

さあ、ようやく始まりました。これからがいよいよ『維摩経』の本番です。読者のみなさんには、恐らく何のことやら、その問答の内容については、さっぱり見当が付かないと思いますが、それでよいのです。そのうちだんだんわかってこられるでしょうから。

ここでちょっと余談ですが、私は病気見舞いについて、平素から秘かに思っていることがありますので、書かせてください。

私たちもよく、友人や知人の病気見舞いに行くことがありますね。病人が喜びそうな果物や美しい花などを持って、病室に入り、「どうしたの。早くよくなって欲しいですね」などと、無責任なことを言います。

でも、病人の方から見ると、食べられない果物をもらったり、ふつう病院では禁じられている花を持って来られたりで、かえってご迷惑な話かも知れません。そして、一日も早くよくなりたいのは誰よりも本人自身の願いでしょう。誰も好きで寝てなんかいないのですから。

それどころか、髭《ひげ》ぼうぼうの顔や、女の方ならお化粧もしていない顔を見られたくない、というのが本音ではないでしょうか。

その上、今来たと思ったら、「これからすぐに用事がありますので」などと言って、そそくさと帰って行く。これでは本当のお見舞いになっていませんよね。できたら病人が手洗いにでも立って行った隙に、こっそりそのベッドに入って、「いやー、こんな紙魚《しみ》だらけの天井や、破れたカーテンを見て一日中暮らすのは、大変だなぁ」と、病人の身になってあげるのが、本当の慰めになるのではないか、とさえ思うことがあります。

亀井勝一郎さんが言っています。「優しい言葉や、慰めの言葉は、しばしば相手を傷付けてしまいます。宗教家などは、よく気を付けるべきでしょう」と。まさしくその通りですね。

さて、維摩居士の大上段からのお迎えに、文殊菩薩も負けてはいません。次のように問答が始まります。

維摩居士、あなたのおっしゃる通りです。私は不来の姿で参りました。私には来るとか帰るとかいうことはありません。どこから来たとか、どこへ帰るとかいうことはないのですから。そして不見というしかたでお目にかかろうと思います。

そのことはまあ、置いておきましょう。ところであなたのご病気は、我慢しなければならないものですか、どうですか。

あなたのご病気は、治療してはいけないものですか。治療しないでも、それ以上は重くならないのですか。ブッダはそのことを丁寧にお尋ねになっておられますよ。

そもそもあなたのご病気は、どうして起こったのですか。もう長く病んでおられるのですか。どうすれば快復するのですか。

衆生病む、ゆえにわれ病む

これに対して維摩居士は次のように答えます。維摩居士が病いの理由について語る、有名な部分です。

（維摩）この世界には愚かな知恵（愚痴《ぐち》）があり、それによって執着というものが起こる。それこそが病いの原因なのです。

一切の衆生がそのようにして病んでいるから、私は病んでいるのです（「衆生病む、ゆえにわれ病む」という有名な語）。衆生の病いさえなくなれば、私の病いも無くなるのです。

どうしてそうなるか、というと、菩薩は衆生のために生死の苦海に入るのです。生死があれば病いもあるでしょう。もし衆生が病いから抜け出せれば、菩薩にも病いはありません。ちょうど、独り子があってその子どもが病いになれば、その親も病むようなものです。子の病いが癒えれば、親もまた治ります。

菩薩は衆生が病めば、みずからも病み、衆生の病いが癒えたら、菩薩の病いも癒えるのです。菩薩の病いはまさに、大悲《だいひ》によってこそ起こるのです。

（文殊）ところであなたの部屋は、どうしてこのように空っぽで、お付きの人もいないのですか。

（維摩）仏国土というものは、どこでもみんな空っぽですよ。

（文殊）仏国土というものは、いったいどういうわけで空《くう》なのでしょうか。

（維摩）空だから空なのです。

（文殊）空だったらそのままでよいはずなのに、どうしてわざわざ空にするのですか。

（維摩）空などということを分別しないような「智慧」によって、世界は空なのです。

（文殊）空を空である、と知ることですか。

（維摩）いや「知ること」もまた、空なのです。

（文殊）では、そのような空を、どこに求めたらいいのでしょうか。

（維摩）世界や自己についての、間違った考えの中にあります。

（文殊） ではその間違った邪見（六十二見）というのは、どこにありますか。
（維摩） それは諸仏の悟り（解脱）の中にあるでしょう。
（文殊） では、諸仏の解脱というのはどこにあるのですか。
（維摩） すべての迷える衆生の心そのものにあるのです。

このような問答を見ていますと、維摩居士の言っていることこそ、大乗仏教の説く「空」の中身そのものですね。

つまり大乗の「空」の中には、悟りと迷いが一つになっており、また同時にはっきりと二つに分かれている、ということですね。これが「煩悩即菩提《ぼんのうそくぼだい》」といわれる、大乗仏教の空観《くうがん》の核心なのですね。問答はさらに続きます。

（維摩） 文殊さん、あなたはさっき、この部屋には一人の侍者もいない、と言われましたが、一切の悪魔や外道は、みんな私の侍者なのですよ。
どうしてかと言いますと、悪魔は生死（迷い）を楽しんでいますし、菩薩もまた迷いのただ中にありながら、しかもそれを捨てようとはしないのですから。
外道はもろもろの迷い（諸見《しょけん》）を楽しんでいますし、菩薩は諸見のただ中にいて、しかも寂然不動《じゃくねんふどう》なのです。

（文殊）維摩居士、ところであなたの病いの真相は、いったいどのようなものなのですか。

（維摩）私の病気は、見た目にはわからないでしょうね。

（文殊）あなたの病気はいったい、身体の病気ですか、あるいはまた心の病いなのですか。

（維摩）身体に現われませんから身体の病いとは言えませんし、心なんていうものは幻のようなものですから、心の病いでもありません。

（文殊）身体は地《ち》・水《すい》・火《か》・風《ふう》（四大《しだい》）の要因からでき上がっているわけですが、あなたの病気はその中の、いずれの煩《わずら》いですか。

（維摩）この病いは地大《ちだい》の病いではありません。そうかといって、地大を離れたものでもありません。水・火・風（他の三つの要素）についても同じです。
それなのに、迷える衆生の病いは、四大から起こっているのです。

衆生がそういう病いに罹っているから、私も今こうして病んでいるのです。

これが「衆生病む、ゆえにわれ病む」という、有名な維摩居士の語の典拠です。

菩薩が病むのはなぜか

すると文殊菩薩が、維摩居士に次のように尋ねます。

あなたがそのような病気で臥《ふ》しておられるとなると、菩薩たる私などはいったいどのように、「病んでいる菩薩」を慰めればよいのでしょうか。

そこで維摩居士は、病んで苦しんでいる菩薩に対して、どのように見舞うべきかを、次のように説明します。

身体は無常なものだということは説いても、だから身体を嫌なもの（厭《おん》離《り》）とせよ、などと説いてはいけません。

身体は苦しいものだとは言っても、だからといって安らぎ（涅槃《ねはん》）を願えばよい、と説いてはいけません。

身体は実体のないもの（無我《むが》）だと説くことによって、病める人を導くことです。

身体は空（空寂）なものだと説いても、寂滅（安らかなもの）などと説いてはいけません。

過去に犯した罪は悔いるべきだと説いても、過ぎたことをあれこれ言ってはなりません。

要は自分自身の病いをもって、病む人を慰め、今まで過ごしてきた、過去の世界の苦しみを知り、そして今苦しめるすべての衆生に、善きことが巡り向かうように、と願うことです。過去に少しでもよいことをしたことがあれば、それを想い出し、人生がよき方に向かうよう念じ、あまりくよくよせず、常に精進努力の心を起こして、率先して医王（医の王様）となり、もろもろの病いを治療してやることです。

菩薩はこのように、病いに臥している菩薩を慰め、喜ばせてあげなければならないでしょう。

病いの原因はどこにあるか

すると文殊菩薩は、「では病いに臥している菩薩自身は、どのように自分の心を調えればよいのか」と尋ねます。それに対して維摩居士は、次のような事実の上に心を調えることだ、と答えます。

病いに臥す菩薩は、今自分が病んでいる理由は、すべて前世において、妄想のために起こした煩悩に由来しているのだということ。したがって、これが病気の原因だというような、実体的なものはないということ。

それなのになぜ病むのかというのが問題です。もともとこの身体は、地・水・火・風という「四大《しだい》」からでき上がっており、その根源ともいうべきような実体などはない。そのような身体に、病気の原因などあるはずはないのです。

それでも病むということは、もともとありもしない「自我」に執着《しゅうじゃく》するからであり、この「執着」ということがいけないということ。

そうとわかったら、「我《が》（自我）」なんか捨ててしまうこと。そして「無我という真実（法）」について思念すること。つまりこの身体は、「四大」の集まりにすぎない。要するに四大が集まり、五蘊《ごうん》が起こり滅びるだけのことだと思うこと。

しかも四大は、お互い同士を知らない。したがって、この身体そのものは、生じることも滅びることさえ知らないということ。

ここまでは、人間の身体はもとより、この世界の眼に見えるすべての存在するものは、それ自体の中に原因があるのではなく、ひとときの縁によって形を作っているのだ、というブッダの根本的教えを、病むということを通して説いているのです。

換言すれば、病いの原因、あるいは本質というものはどこにあるか、ということを、諄々《じゅんじゅん》と説いているわけです。そこで次の問題は、ではどうすればそのような病いを治癒することができるかということです。

恐らくみなさんがすでに感じられておられるように、病いに対して維摩居士は、一種独特な説き方で文殊菩薩を説得していきますが、そんなことくらいなら、ブッダの弟子である文殊菩薩も、先刻ご承知だったはずです。

問題はその説きかたです。やはりそこに、『維摩経』ならではの語り口があるわけです。文殊菩薩の質問に対する維摩居士の答えかたは、あまり説明的ではなく、大切なブッダの教えを、ただ断片的に羅列しているにすぎません。ですから読む者の側に、ある程度の仏教についての基礎的素養がないとなかなか理解しがたいかも知れません。

しかし、その断片的な答えの一つひとつに、仏説の深い内容がこめられているので、これらをよく吟味しなければならないわけです。しかし、『註維摩詰経』の巨冊を見てもわかるように、それを細かく勉強するとなると、なかなかの難事業になります。

したがって、巷間《こうかん》手にする『維摩経』の講話などを見ますと、ほとんどのものが重要な部分に絞って説明されているようです。小著もその例外ではありませんので、ご承知ください。

智慧と方便としての病い

維摩居士が続けて言います。

「病いに臥す菩薩」は、次の思いをなさなければなりません。物が存在すると思うのが、そもそも間違い（顚倒《てんどう》）であり、これこそが病いのもとなのです。そういう思いを離れなければならないのです。

では、どのように離れればよいか。それには、周りの世界は自分のものだという、思いをやめることです。

どうすれば、そういう思いをやめることができるか。要するに二元分別的な見方を捨て、自分と周りの世界を、一つに観ることです。

どうすればそういう風に平等に観られるのか。迷いも涅槃《ねはん》も一つのものだ、と観ればよいのです。なぜなら、迷いも悟りも、ともにほんらい「空《くう》」だからです。名前が違うだけで、迷いにも涅槃にも、実体なんかないのです。そうとわかれば、病いなどと言っても、そんなものは「空病《くうびょう》」にすぎない。いや、空病もまた空にすぎないと観るのです。

この病んでいる菩薩は、受けるものがないと同時に、また苦《く》・楽《らく》・捨《しゃ》という「三受《さんじゅ》」を受けているのです。いわば三受を超えていながら、しかもそういう悟りを取らないのです。

自分の身に苦しみがあればこそ、地獄・餓鬼・畜生の三悪趣《さんまくしゅ》に堕ちて苦しんでいる衆生のことがわかり、それだからこそ慈悲の心も起こるのです。自分が病いから快復（調伏《ちょうぶく》）すれば、同時に苦しむ衆生も快復すると観る。病いを克服しても、「病む」という真理（法）はなくならない。だから根本的に病いを除くためには、まずは「病む」という真実に気付くことです。

ではその病いの「法」（真実）とは何か。

それは心の中にある「蟠《わだかま》り（攀縁《はんえん》）」です。攀縁こそが病いの元なのです。そしてこの攀縁こそは、欲界・色界・無色界の三界に根付いているのです。

そして、この攀縁を絶ち切る道は、「無所得《むしょとく》」であること。無所得とは、妄想という内見と、外界という外見の「二見《にけん》」を、ともに離れることであります。

文殊さんよ、これこそは、病いで臥している菩薩がみずからの心を調伏《ちょうぶく》し、それによって老・病・死の苦しみを絶ち切る道であり、これこそ菩薩の悟りの内容であり、これがそのまま「大悲《だいひ》」なのです。

これがわからなければ、せっかく修行しても、智慧なんか得ることはできません。

たとえば怨みに勝つことだけをよしとするようなものです。

（中略）

坐禅に囚われていること、これは菩薩にとっての「縛り」です。方便をもって立ち上がることこそ、菩薩の「解脱」です。またそれはもともと自分のためにするのではないので、報いを求める心など起こらないはずです。

方便のないような智慧は「不自由（縛《ばく》）」であり、方便のある智慧は「自由（解《げ》）」です。智慧のない方便は縛であり、智慧のある方便は解です。

なぜ「方便のない智慧」は縛なのかというと、そこには自分だけに執着する（愛見《あいけん》）ということがあるからです。「方便ある智慧」こそ、真の解脱です。

（中略）

菩薩は、おのれの身体の無常・苦・空・無我を観念します。これが智慧というものです。

自分が病んでいても、生死のただ中で衆生に利益をもたらすことを厭いません。これが方便というものです。

自分の身は病いを離れず、病いは身を離れず、この病いやこの身は、新しくも古くもない、と観じるのが慧であり、この病気はもう治ることがないとするのが、方便であります。

文殊さんよ、病気の菩薩は、このように心を調伏して、しかもそこに留まらず、また反対に、調伏しないという心にも留まらないのです。

どうしてかというと、不調伏でよいとすれば、それは愚かな凡夫の考えること。調伏しなければと思い込むのは、小乗の修行者（声聞《しょうもん》）の考えること。そういう両極端を離れるのが、まさに「菩薩の行《ぎょう》」というものであるからです。

以上、菩薩というものが病いに臥す理由について、維摩居士のずいぶんと長い説明が続きました。

さて、これからは病いという特殊な状況を離れて、いったい大乗仏教の菩薩道というものを、日常生活においていかに行じるべきかということについて、維摩居士が、微に入り細にわたって説明されます。

それらのせめて一つや二つなりとも、自分に照らして実行できるかどうかを反省してみると、なかなか実行できていないというのが、正直なところでありまず。

もしそうだとすれば、たとえばこの私は大乗仏教の菩薩であるなどと、口幅ったいことは言えないことになります。それはともかくとして、維摩居士は菩薩行というものを、どのように説かれるのでしょうか。いくつか挙げてみましょう。

菩薩の行とは

たとえ生死の苦しみのただ中にあっても、汚れたことだけはしない。反対に、悟りの安らぎの中にあっても、そんなところにお尻を据えていてはいない、というのが菩薩の行であります。

菩薩行は、凡夫のための行でもなく、また賢聖《けんしょう》（聖人）の行でもありません。

菩薩行は、穢《けが》れた行（垢行《くぎょう》）でも、浄《きよ》らかな行（浄行《じょうぎょう》）でもありません。

菩薩行は、魔行なんかをとっくに超えたものですが、それでもやっぱり悪魔を降伏させようとする行でなければなりません。

完全な智（一切智）を求め、途上における不完全な智を求めることのないのが、菩薩の行であります。

あらゆる存在は不生であると観察しても、しかもなお、これでよしとはしないのが、菩薩の行であります。

十二縁起《じゅうにえんぎ》（苦しみの根源を生死へと辿る十二のプロセス）を観察しつつも、

さまざまな間違った邪見《じゃけん》を離れているのが、菩薩の行であります。

一切衆生を見捨てることはありませんが、それに愛着することもないのが、菩薩の行であります。

心識を離れることを求めつつ、しかも身心を忘れ去ることはしない、これが、菩薩の行であります。

迷いの三界のただ中で生きつつ、しかも惑うということのないのが、菩薩の行であります。

空《くう》を実践しながら、しかもなお徳を積むことを忘れないのが、菩薩の行であります。

無相を行じながら、しかも衆生済度を忘れないのが、菩薩の行であります。

無願を行じて生死を離れようと努めながら、なお自分の身に生死を受けるのが菩薩の行であります。

無起《むき》（起こる心のないこと）を行じながら、しかもあらゆる善行をなすのが、菩薩の行であります。

悟りに到る六つの行（六波羅蜜《ろっぱらみつ》）を行じながら、衆生の心も決して忘れないのが、菩薩の行であります。

よく六つの神通力（六神通《ろくじんづう》）を行じながら、しかも煩悩を断滅しない境涯（漏尽通《ろじんづう》）だけは残しておくのが、菩薩の行であります。

慈悲喜捨という四つの量り知れない心（四無量心《しむりょうしん》）を持ちながら、しかも天に生まれることを期待しないのが、菩薩の行であります。

禅定《ぜんじょう》と解脱三昧《げだつざんまい》を行じながら、しかもそのメリットを求めないのが、菩薩の行であります。

正しく心を配ること（四念処《しねんじょ》）を行じながら、しかもその証しは求めないのが、菩薩の行であります。

小乗のような精進努力（四正勤《ししょうごん》）を行じても、善悪の区別はしないのが、菩薩の行であります。

小乗のような四つの不思議なハタラキ（四如意足《しにょいそく》）を行じても、大乗の神通自在を発揮してこそ、菩薩の行であります。

自分の眼・耳・鼻・舌・身という五つの感覚器官（五根《ごこん》）を磨きながら、

衆生の五根についても優劣の判断をするのが、菩薩の行であります。

信《しん》・精進《しょうじん》・念《ねん》・定《じょう》・慧《え》の五つの力（五力《ごりき》）を発揮しながら、しかもなお仏の十力（仏の十種の智慧の力）を求めてやまないのが、菩薩の行であります。

悟りへ導く七つの方法（七覚分《しちかくぶん》）を行じつつ、しかも仏の智慧をよく知っておくことが、菩薩の行であります。

悟りへの正しい道（八正道《はっしょうどう》）を行じつつも、なお仏の道を行じるのが、菩薩の行であります。

心の静寂と観察（止観《しかん》）を行じながらも、空寂に堕ちないのが、菩薩の行であります。

あらゆる存在は不生不滅であることを知りつつも、やはり少しでも自分の姿を素晴らしいものにしようとするのが、菩薩の行であります。

小乗の理想である声聞や縁覚のふるまいをしながらも、なお大乗の法を捨てないのが、菩薩の行であります。

最も素晴らしい姿を護りつつも、なおその場その場に応じて身を変じていくのが、菩薩の行であります。

諸仏の国土は永遠に浄らかなものであると知っていながら、なおさまざまな清浄を実現していくのが、菩薩の行であります。

たとえ仏道を成就して、その教えを他に伝えて安らぎ（涅槃）に入るとしても、菩薩の道だけは捨てないのが、菩薩の行であります。


維摩居士がこのように詳しく菩薩のありかたを語られると、文殊菩薩が連れてきていた八千の天子たちはみな、そのような素晴らしい大乗の悟りへと、決意を新たにしたのでした。


これで「文殊師利問疾品第五」は終わっています。

ここは、維摩居士の病室を訪ねていった文殊菩薩が、いわばブッダが説かれた根本仏教の菩薩という立場を代表して、大乗を説く維摩居士に直接面会し、維摩居士から「菩薩のなすべき行」とはどういうものであるかを確かめるというところですから、私は自分への反省をも加え、煩瑣《はんさ》ながらほとんど全文を写しました。

それと、ここで維摩居士が臥している病いは、いわゆる身体的な病いではなくて、一切衆生が迷い苦しんでいるから、自分もこうして病んでいるのだという、菩薩行としての病いであることが、はっきりしたわけです。

これが先述したように「衆生病む、ゆえにわれ病む」の典拠なのです。

私たち禅宗では、毎日の日課として大乗経典を読誦《どくじゅ》していますが、最後には必ず、次のような「四弘誓願文《しぐせいがんもん》」を唱えることになっています。

衆生無辺誓願度《しゅじょうむへんせいがんど》
（衆生は世界中にいっぱいいだけれど、誓ってこれらを済度します）
煩悩無尽誓願断《ぼんのうむじんせいがんだん》
（煩悩は尽きることがないけれど、誓ってこれらを断ち切ります）
法門無量誓願学《ほうもんむりょうせいがんがく》
（法門は量り知れないけれど、誓ってこれを学びます）
仏道無上誓願成《ぶつどうむじょうせいがんじょう》

（仏道にはこれでよしということがないけれど、誓って完成します）

私は若い日、この「四弘誓願文」を習ったとき、自己追求が本命である禅宗でありながら、この「誓願文」には、衆生を救うという誓いが第一となっていて、煩悩を絶ち切るという自覚の誓願が、二の次になっていることに、疑問を感じたものです。

しかし、後年、大乗仏教を学ぶに及んで、このことの深い意味を知るようになり、禅修行の本来の目的がもともと衆生済度のためのものであることに、ようやく気付いた次第です。

それはそれとして次のような、いかにも禅宗ならではのエピソードもあるのです。維摩居士の教えと少しズレるように見えますが、敢えてここでご紹介しておきましょう。加藤晃堂《かとうちょうどう》という偉い禅僧の、若い日の貴重な話です。

加藤和尚はこれも前に話したとおり、はじめは天竜寺の峨山《がさん》（橋本峨山）老師に参じておられたが、老師が遷化《せんげ》（逝去）されたので、次に誰に参じたものかと、道友同士が協議した結果、禾山《かさん》（西山禾山）老師がよかろうというので、六人づれで出かけた。禾山老師という方は有名な機鋒峻烈《きほうしゅんれつ》な宗匠であったから、はるばる（京都から四国の伊予まで追っかけて）来た六人に対して、けんもほろろで、「おれのところは貧乏寺だから置けない」と断られてしまった。そこで一行は代わる代わるお願いした結果、「それまで言うなら、独参《どくさん》（老師の室に入って、与えられている問題に対して、自分の答えを提示すること）に通うだけならば許してやろう」と言われたので、六人はちりぢりばらばらに各所に宿を求めて、独参に通った。加藤和尚は村のお宮様の拝殿の縁の下に寝たと言っていた。そして昼は六人がそろって托鉢して命をつないでいたが、さすがの禾山老師もこの真面目な道人たちに感じいったものか、後には托鉢に加わって下さるようになって、お陰で貰いが多くなったそうである。

さて、話はこれからである。ある日、いつものように老師が先に立って六人をひきつれて托鉢に出かけた途中、坂道にかかったところが、重い荷物を山ほど積んだ車がその坂を登りかねている。加藤和尚は無意識に列から離れて、車の後ろを押してやった。とその時、めったに後ろなどふりむかれたことのない老師が、ひょいと後ろをご覧になったかと思うと、ひとりでさっさと寺へ帰ってしまわれた。そして侍者を通して、「晃堂を下山させよ」と仰せられた。下山は叢林《そうりん》（修行道場）の一番重い罰であるから、本人はもちろん道友たちも非常に心配して、どういう理由で追放させられるのか、せめて理由をと、おそるおそるきいたら、「修行者ともあろうものが、人の車に気をひかれるようでどうする。そのような無道心者は修行する資格がないから、叩き出せというのだ」と言われた。

そこでわけはわかったが、ここで下山してしまっては一生戻れないから、加藤和尚は門宿《もんしゅく》といって山門の所で坐禅して一週間ねばり通した。そして道友の五人もどうか許してやって下さいと頻々《しくしく》と哀願したので、それなら独参だけは許してやろうと、ようやくお許しが出たという。

実に実によい話ではないか。こうして話していても涙が出るよ。師家もえらいが修行者もえらい。これだけの親切な宗師家と、熱烈な求道者が現代果たして何人ありや。恐らく皆無ではなかろうか。ああ。

（『大雲祖岳自伝』大雲会、一九六〇刊、七三～七五頁。括弧内は筆者補注）

ほんとうの慈悲行というものはこのように、人間存在の弱さ、悲しさを十分見つめた人でなければなし得ないという、禅宗独特の厳しい教えでありましょう。

さて、『維摩経』の次に進みましょう。

思いがけぬできごと――不思議品《ふしぎぼん》第六

維摩居士の神通力

さてこれから、「不思議品第六」、というところを読んでいくことにしましょう。

ここまでは、大乗仏教の実践者である菩薩たるもの、日常生活をいかに行じて行くべきかについて、維摩居士の親切きわまる陳述でありました。ここからは大乗仏教の内容というよりは、維摩居士の病室に起こった、まことにファンタジックな状景へと一転します。

今まで傍らで維摩居士の話を聴いていた舎利弗が、ふと、維摩居士のこの丈室（一丈四方の狭い部屋）が空っぽで、坐る椅子一つないのを不思議に思い、「私たちはいったい、どこに坐ればよいのですか」と尋ねます。すると維摩居士は、次のように答えたのです。例によって、煩瑣な箇所は省略します。

（維摩）舎利弗さん、あなたたちは大乗の法を聴くために来られたのか、はたまた椅子に坐るために来られたのですか。

（舎利弗）もちろんあなたの病気見舞いにやって来たのです。坐る椅子を求めて来たわけではありません。

（維摩）法（真実）を求める人が、身体のことなどを気にしていてどうしますか。ましてて言わんや、坐るところを求めるなど、とんでもない話です。法を求める人は自分の身体や、周りの世界のことなんかを気にしていてはいけません。もとより、仏、法、僧の三宝などという、ありがたそうなものを求めるのも間違いです。

苦、集、滅、道というような四つの真理（四諦《したい》）を求めるのも駄目でしょう。これらはすべてありもしない屁理屈（戯論《けろん》）です。

法は静かなもの（寂滅《じゃくめつ》）であり、善い悪いの汚れなきもの（無染《むぜん》）であり、形がなく（無相《むそう》）、じっとしておらず（不可住《ふかじゅう》）、知ること（見聞覚知《けんもんかくち》）ができないものであり、手の出せないもの（無為《むい》）であります。要するに法は、そもそも求めることなど、できないものなのです。

この維摩居士の話を聴いた五百の天子は、周りの世界に存在しているものを、今さらのごとく、浄められた眼（法眼浄《ほうげんじょう》）で見たのでした。そこで維摩居士が文殊菩薩に、

（維摩）この広大な宇宙の、どこの仏土に、この上なき功徳を得ることのできるような立派な椅子（獅子座《ししざ》）があるでしょうか。

と尋ねると、文殊菩薩は次のように答えます。

（文殊）はい、ここから東の方へ、ガンジス川の砂の数ほど無数の仏国土を通っ

て行きますと、須弥相《しゅみそう》という世界があり、そこに須弥灯王《しゅみとうおう》という仏さまがおられます。この方の身長と椅子の高さは八万四千由旬《ゆじゅん》(無限の距離)で、しかもこの仏さまの坐っておられる椅子は、金銀で飾られています。

文殊菩薩がこう言うと、維摩居士の神通力によって、即座にかの仏から三万二千の高広にして厳浄《ごんじょう》なる椅子が、一気に居士の丈室に運び込まれて来ました。集まっていた菩薩や弟子、そして天の神々が、かつて見たこともないその状景に驚いていていると、維摩居士が文殊菩薩に、「さあ、その須弥灯王のように早くお掛けなさい」と言います。

神通力を発揮する菩薩は、それぞれ椅子に就けましたが、新米の菩薩や弟子たちは、そんな高い椅子に登ることができません。維摩居士に促された舎利弗が居士に、「椅子が高くて昇れません」と言うと居士は、「そうでしょう、この諸仏功徳の座は、徳のない者には昇ることができないのです。須弥灯王を礼拝すれば、昇ることができるでしょう」と言うのです。

みんながその通りにすると、ようやく椅子に坐ることができました。舎利弗が、「こんなことってあるんですか。こんな狭い部屋にこれだけの高くて大きな椅子が全部入るんですから」と言うと、居士は「そうですよ、舎利弗さん、これを諸仏、菩薩の解脱というのです。これをこそ不思議というのです」と答えるのでした。さらに、居士は次のように言いました。

（維摩）　もし菩薩の中で、この不可思議解脱《ふかしぎげだつ》を得ている者なら、この広大な宇宙さえも、こんな小さな芥子粒《けしつぶ》（芥子の花の実）にすっぽり入れてしまうのです。しかも、大宇宙がそのままの姿でね。

もちろん忉利天《とうりてん》の神々は、自分たちの入ったことは知らず、救われるべき宇宙が芥子粒の中に入るのを見るのです。これを不可思議解脱というのです。大海の水でも、一本の毛穴に入ってしまうのです。しかも海に住む魚や亀は何も気が付かないままにです。

（中略）

あるいはもし、長くこの世に生きていたいという衆生を救いたいと願うのであらば、たった七日間でさえ、永遠に長い時間（一劫《いちごう》）と思わせ、早くこの世を去りたいと願う衆生には、一劫を七日間にして、しかも七日間と思わせるのです。

以下、このような不思議な話は、さまざまな例を連ねて延々と続きます。この不可思議解脱の話を象徴的に伝えている語が、みなさんご存じの「須弥芥子《しゅみけし》に入り、芥子須弥に入る」の一句ですね。

私は学生の頃に初めてこの話を聴いたとき、仏教ってなんという子どもだましの宗教だろう、と思ったものですが、もともとこの話は「不可思議解脱」という教えだったのです。ところがもう九十歳近くになると、そういう不思議話にも耳を傾けようと思うのですから、これぞ人生の不思議と言うべきでしょうか。

ともあれ、この不思議な光景を傍らで見ていた小乗の修行者（羅漢《らかん》）たちは、この不可思議解脱の法門を聴くや、いっせいにみずからの過ちに気付いて号泣し、その声が全宇宙（三千大千世界）を震わせたというのです。かたや菩薩たちは大いに歓喜して、その教えを頂戴したのでした。そこで維摩居士は迦葉に向かって、次のように言います。

(維摩)　迦葉さんよ、この全宇宙に住む悪魔の王（魔王《まおう》）にしたって、みんな不可思議解脱を手にした菩薩さんばかりなのですよ。苦しむ衆生を救うための方便として魔王となって現われているだけです。菩薩だって同じこと、いろんな方便を用いて、衆生を救おうとするのです。

菩薩たちには威力があるので、それを使って衆生に迫り、衆生を困らせるのです。凡夫は力足らずで、これに対応できないだけです。それはまるで、ロバがでっかい象に蹴倒されるようなものです。これを不可思議解脱に生きる菩薩の智慧といい、ハタラキ（方便《ほうべん》）というのです。

はい、これで「不可思議解脱」の章は終わりです。凡夫や悪人がそのままで救われるという、この逆説的というか、反宗教的な教えを説くのが『維摩経』であり、これが大乗仏教の真髄だというのですから、私たちの常識的、世俗的な理解のとうてい及ぶところではありません。

天女の説法——観衆生品第七《かんしゅじょうぼん》

ここでいよいよ『維摩経』の本命である、悩み苦しむ「衆生」というものが、中心のテーマとして説かれていきます。

文殊菩薩は維摩居士に向かって、さらに質問を深めていきます。

（文殊）　維摩居士、では大乗の菩薩は、どのように衆生を観ておられるのでしょうか。

（維摩）　そうですね。菩薩が衆生を観る様子は、ちょうど魔法使い（幻師《げんし》）が、嘘の人形（幻人《げんじん》）を観ているようなものじゃないですか。
それはたとえば、
智者が水中の月を観るように、
鏡の中の像を観るように、

蜃気楼《しんきろう》のように、
呼び声のこだまのように、
空中の雲のように、
水の泡のように、
芭蕉の堅《けん》（芯）のように、（以下略）

これらは遠くにあるように見えながら、近づけば何もないのです。このように菩薩が衆生を観るのは、存在しないものを、まるであるかのように観るのです。それはたとえば羅漢さんで言えば貪り・怒り・愚痴《ぐち》（三《さん》毒《どく》）であり、いい加減な菩薩の安心、あるいは抜けきらない仏の煩悩というようなものです。

そこで文殊が尋ねます。「菩薩が衆生をそのように観るとしますと、〝慈悲〟はいったいどのように実践されるのでしょうか」。それに対して維摩居士は次のように、「菩薩の慈」についてさまざまの答えをします。もちろんそれらのたとえ一つひとつさえ、実践しようと思ってもなかなかできないものばかりです。しかしこの「慈」が実践できないとなると、大乗仏教を実践していきたいと願う菩薩、つまり私たちには、その資格がないということになるわけです。それらを次に羅列してみましょう。

いかに衆生に法を説くかという真実の慈。
あらゆる存在は実在しないという寂滅の慈。
執着（愛見・煩悩）を持たないという不熱の慈。
過去・現在・未来を平等に観るという等の慈。
もともと存在するものはないのだという争いのない（無諍《むじょう》）の慈。
自分と世界を同様に観ていく不二の慈。
壊われるものは何もないという不壊《ふえ》の慈。
心には壊れることがないという堅固の慈。
すべて存在するものは浄《きよ》いのだという清浄の慈。
すべてのものは虚空のようだという無辺の慈。
悩みは破るという羅漢の慈。

衆生に安らぎを与えるという菩薩の慈。
あるがままを知るという如来の慈。
衆生を目覚めさせてやるという仏の慈。
理由なく発揮する自然の慈。
すべてを等しく観る悟りの慈。
個別の愛を絶ち切る無等の慈。
大乗に基づいた大悲の慈。
よく空・無我を観じる無厭《むけん》の慈。
惜しむことがないという法施《ほっせ》の慈。
罪人を教化する持戒の慈。
相手も護ろうとする忍辱《にんにく》の慈。
衆生とともにあろうとする精進の慈。
一切の欲望を離れる禅定の慈。
時機をよく知っている智慧の慈。
すべての人に示していく方便の慈。

清浄な心を示す無隠《むいん》の慈。

混じりけがない心でいる深心の慈。

嘘というもののない無誑《むきょう》の慈。

仏の楽を得せしめようとする安楽の慈。


以上、書き連ねましたが、「慈《じ》」は、ブッダの説かれた「四つの量り知れない心（四無量心）」、つまり「慈・悲・喜・捨」の第一に挙げられる心なのです。

そこで文殊菩薩が維摩居士に向かって、四無量心の慈に続く三つ、つまり「悲」、「喜」、「捨」について尋ねると、維摩居士は次のように答えました。


（文殊）　何を「悲《ひ》」というのでしょうか。

（維摩）　菩薩のなすところの善き行ない（功徳《くどく》）というものは、すべて一切の迷い苦しむ衆生に施すということです。

（文殊）　何を「喜《き》」とするのですか。

（維摩）　人のためならば喜んで行ない、それを後悔しないことです。

（文殊）何を「捨《しゃ》」とするのですか。

（維摩）自分のする行為に対して、報いを求めないことです。


文殊の質問は、さらに別の事柄へと移ります。


（文殊）生死の苦しみに恐れを抱く菩薩は、どうすればよいでしょうか。

（維摩）菩薩は生死の恐れの真っただ中でこそ、ブッダの偉大な力を仰ぐべきです。

（文殊）ブッダの偉大な力を仰ごうとするときは、どうすればよいのですか。

（維摩）ブッダの偉大な力を仰ぐためには、一切の苦しみ悩む衆生を、煩悩から解脱させるべきです。

（文殊）衆生の煩悩を断つには、どうすればよいですか。

（維摩）それには、正しい思い（正念《しょうねん》）を持つべきです
（文殊）どのようにして正しい思いを持てばいいでしょうか。

（維摩）不生不滅ということを実践することです。

（文殊）どういうものが不生で、どういうものが不滅ですか。

（維摩）よきことをしない（不善）のが不生で、よきことをする（善）のが不滅です。

（文殊）善と不善は、どこから生じるのですか。

（維摩）すべてこの身体から生じるのです。

（文殊）身体はどこから生じるのですか。

（維摩）身体は貪欲《とんよく》から生じるのです。

（文殊）貪欲はどこから生じるのですか。

（維摩）貪欲はありもしないものを、あるかのごとく思う（虚妄分別《こもうふんべつ》）ところから生じます。

（文殊）ありもしないものをあると思うのは、なぜですか。

（維摩）まったく見当違いの考え（顚倒無相《てんどうむそう》）から起こるのです。

（文殊）見当違いの考えは、どこから起こるのですか。

（維摩）何にもないところ（無住《むじゅう》）から起こるのです。

（文殊）その、無住というのは、どこから生じるのですか。

（維摩）　無住に根拠はありません。文殊菩薩よ。この根拠のないところから、すべての存在は成立しているのです。

ちょうどこのとき、維摩居士の丈室に居あわせ、周りの人々とともに文殊菩薩と維摩居士のやりとりを聴いていた一人の天女が、天女の身を現わし、集まっていた菩薩や弟子たちの上に、美しい華を降らせました。

ところが菩薩の上に降った華は、みんな地面に落ちてしまい、ブッダの弟子たちの上に降った華は、その身体にくっついたのです。彼らがそれを振り払おうとしても、落ちないのです。

このとき天女が舎利弗に、「どうして、華を払おうとするのですか」と尋ねます。すると舎利弗は、「修行者にとってこんな華は迷惑ですから」と答えました。すると天女が、「とんでもない、この華が迷惑だなんて。この華にはそのような分別はありません、あなたが勝手にそんな分別をしているだけでしょう。出家した人が未だにそんな分別をしているなんて。分別なんかしなければよいのです。見てごらん、菩薩たちには華がくっつかないでしょう。菩薩には分別心がないからですよ」と言いました。

（中略）

（舎利弗）ところで天女さん、あなたはもう長いあいだ、この部屋におられるのですか。

（天女）　長老のあなたがお悟りになってからと同じくらいです。

（舎利弗）あなたがこの部屋に来られてから、まだそうは経たないでしょう。

（天女）　舎利弗さんだって解脱《げだつ》（悟り）されてから、そう長くはないんじゃないですか。

（舎利弗は黙ったままで、何も答えない）

（天女）　智慧第一の舎利弗さんが、どうして黙っておられるのですか。

（舎利弗）悟りというものには、言葉は無用ですからね。言う言葉なんかありませんよ。

（天女）　舎利弗さん、そうおっしゃるけど、言葉や文字もみな解脱の姿ですからね。なぜかというと悟りというものは内でも外でもなく、またその中間でもないのですから。だから、解脱にもちゃんと文字があるはずですよ。眼に見えて存在するものは、すべて解脱の姿なのですから。

（舎利弗）でも天女さん、やはり淫《みだら》、怒《はらだち》、痴《ぐち》などから離れることこそが、解脱じゃないのですか。

（天女）　だって仏は、間違っている人のために、わざわざ淫・怒・痴を離れよ、と説かれたのであって、もし思い違いさえしていなかったら、仏はそのような人には、淫・怒・痴こそが解脱だ、と説かれたことでしょうね。

（舎利弗）天女さん、それは結構なことをおっしゃいますね。あなたはまた、どうしてそのような素晴らしいことを語ることができるのですか。

（天女）　私は何も得ていませんし、その証拠もありませんから、このようなことが言えるのです。もし私に何か得るところがあったとしたら、それこそ思い上がり（増上慢《ぞうじょうまん》）でしょう。

（舎利弗）あなたはいったい、声聞乗・縁覚乗（独覚乗とも）・菩薩乗の三つの段階（三乗《さんじょう》）において、何を求めようとされるのですか。

（天女）　私は声聞《しょうもん》の教えによって、苦しむ人を救うときは声聞であり、因縁の法でもって苦しむ人を救うときは辟支仏《びゃくしぶつ》（独りで修行する人）であり、大悲《だいひ》の法によって人を救うためには大乗菩薩なのです。

舎利弗さん、それは瞻蔔《せんぷく》（芳香のある花）の林（瞻蔔林《せんぷくりん》）の中にいて、瞻蔔の香りだけを嗅いで、他の香りは嗅がないということですね。あなたはこの部屋に入ってきて、仏の功徳の香りだけ嗅いで、声聞や縁覚という小乗の香りを嗅ごうとしないのですね。

舎利弗さん、この部屋に入ってくる人は、それがブッダの弟子であろうと、インド教の神さまであろうと、四天王であろうと龍神であろうと、この維摩居士の説かれる話を聴くと、みな、ブッダの香りを求める心を発してこの部屋を出て行かれます。

舎利弗さん、私はこの部屋にもう十二年もおりますが、最初から小乗の教えなどは一度も聴いたことがありません。ただ、ひたすら菩薩の大《だい》慈《じ》大悲《だいひ》や、不可思議な仏たちの教えだけを聴いてきたのです。

この部屋には次のような八つの不思議なことが起こるのです。

この部屋は、いつも金色の光で照らされ、昼も夜も同じであること。

この部屋に入った者はもはや、どんな煩悩にも悩まされることがないこと。

この部屋には常に、インドラ神、バラモン神、あるいは他の仏国土からやって来た菩薩がおられること。

この部屋では、いつも六つの悟りへの道（六波羅蜜《ろっぱらみつ》）や決して退くことのない（不退転《ふたいてん》）の教えが説かれていること。

この部屋では常に天人が楽器を奏で、量り知れない仏法が実現される声が聴こえること。

この部屋には四つの蔵があって、色々な宝がいっぱい詰まっていて、いくら困っている人に施してもなくならないこと。

この高貴な人（維摩居士）が念じると、お釈迦さま始め、あらゆる十方の諸仏がやって来て法を説き、説き終わると、みんなさっさと帰って行くこと。

この部屋には、神々の荘厳なる宮殿、諸仏の浄土が現われること。

このような不思議を見ながら、それでもなお声聞の法（小乗の教え）を求めるような人があるでしょうか。

これを聴いて舎利弗は天女に、「いったいどうしてあなたは、女性であることをやめないのですか」と尋ねます。すると天女は、

（天女）　私は十二年このかた、女になりたいと願ってきたのですが、いまだにその願いは叶えられません。なのに、なぜ、わざわざ変身しなければならないのですか。手品師が幻の女を示したとき誰かが、どうして女を男に変身させないのか、と尋ねるようことが、果たして正しい質問なのでしょうか。

そう言うと天女は神通力によって、一瞬にして舎利弗を女に変え、自分は男になったのです。そして「舎利弗さん、あなたはどうして、女身をやめようと

しないのですか」と問います。舎利弗は女の身のままで、「私は今、どうしてこのような女身に変身したのかわかりません」と答えます。天女が言います。

（天女）　そう、もしあなたが女身を男身に転じることができたら、すべての女の人もまた、女身を抜けることができるでしょう。そう、舎利弗さんが女でないのに女身を現じていられるように、すべての女は、女に見えていても女ではないのです。だからブッダは、一切の存在は男でもなく女でもない、と説かれているのです。

その瞬間、天女の神通力によって舎利弗は、またもとのように男に戻りました。天女は舎利弗に尋ねます。「さっきの女身はどこへいったのですか」。舎利弗は、「女の身には、あるとかないということはないのです」と答えます。するとと天女は言いました。

（天女）　そのように、一切の存在にはあるとかないということがないのだと、ブッダは説いておられるのです。

（舎利弗）天女さん、あなたはここで姿を没されると、どこへ生じられるのですか。

（天女）　舎利弗さん、それは仏のなさるようです。ブッダには現われたりなくなったりすること（没生《もつしょう》）はないのです。衆生だって同じことです。

（舎利弗）天女さん、あなたはいつ無上の悟りを得られるのですか。

（天女）　舎利弗さん、私はもとの凡夫に還ったときこそ、無上の悟りを完成するのです。

（舎利弗）えっ、私なんか、凡夫ですが、別に無上の悟りらしきものもありませんけどね。

（天女）　もちろん、舎利弗さん。私だって無上の悟りを得ていても、別にどうってことはありませんよ。悟りには、これ、というところがないからです。だから、わざわざこれが悟りだ、ということはないのです。

（舎利弗）そうすると、悟りを得た仏たちは、過去、現在、未来にわたって、ガンジス川の砂の数ほどおられるわけですね。

（天女）　そう、舎利弗さん、世間の人は数にこだわって、過去だ、現在だ、未来だなどと言っているだけですよ。悟りには、そんなものはありません。ところで舎利弗さん、あなたはいちおう悟りを開いて羅漢さんの道を得られているのでしょう。

（舎利弗）いやあ、得てなんかいませんよ。いや、それがかえって得たことになるのかなあ。

（天女）　そう、諸仏、諸菩薩もそうなのです。何にも得たものはない（無所《むしょ》得《とく》）からこそ、得るということがあるのです。


この会話を、今まで黙って聴いていた維摩居士が、舎利弗に向かって、次のように言いました。

（維摩）　この天女さんはね、すでに九十二億という仏を供養されてきたのです。そして思う存分菩薩としてのハタラキを発揮し、さまざまな願いを身に付け、存在するものはすべて、不生不滅であるという確信に至ること（無生法忍《むしょうぼうにん》）を身に付け、決して退かないレベル（不退転《ふたいてん》）に留まっておられるのです。しかも、衆生を救いたいという本願をお持ちだから、こうして身を現わして衆生を教え導いておられるのです。

この維摩居士の言葉で、「観衆生品第七」は終わっています。それにしても、十二年も維摩居士の部屋にいるという天女が突如として現われて、仏弟子の舎利弗を徹底的にやっつけるという筋書きはあまりにもファンタジックですね。維摩居士に言わせると、この人こそ衆生を救うために女身を現じておられる菩薩だというわけです。それを女性だと思い込んでしまう舎利弗が女にさせられ、天女は男となって舎利弗のこだわっている男女観を粉砕してしまうという菩薩の自由無礙《むげ》を説いているようです。

非道《ひどう》を行じる——仏道品第八《ぶつどうぼん》

『維摩経』には諸本があって、内容も少しずつ異なっています。最初に申しましたように、ここで私は基本的には鳩摩羅什《くまらじゅう》訳の『維摩詰所説経』をテキストにしております。

この経典の全体は、十四品《ぼん》から成り立っていますので、私たちは今ようやく、その半分を読み終わったことになります。さて、この「仏道品第八」では、いったいどのようなことが説かれていくのか、お楽しみください。

そのとき、文殊菩薩が維摩居士に、次のように尋ねました。

（文殊）　あなたはいったいどのようにして、そのような素晴らしい仏道に達せられたのですか。

（維摩）もし菩薩が非道（道でない道）さえ実践すれば、仏道に通達することができるのです。

（文殊）その非道は、どのようにして実践すればよいでしょうか。

（維摩）菩薩はたとえ五無間《ごむげん》（五逆罪とも。無間地獄に堕ちていく次の五つの行為。父を殺し、母を殺し、修行者を殺し、仏身を傷付け、教団の平和な生活を破壊する）を犯したとしても、それには何の後悔（遺恨《いこん》）もないということです。

たとえ地獄に堕ちたとしても、何の罪垢《ざいく》もありません。また、畜生に生まれ変わったとしても、無知（無明《むみょう》）も驕《おご》り（驕慢《きょうまん》）もないでしょう。餓鬼道に堕ちても、徳と智慧は、ちゃんと身に付いています。

色界とか無色界というような道を行じても、それをよしとはしません。

貪《むさぼ》り、怒り、愚痴の三毒（貪瞋痴《とんじんち》）を行なっても、心は平静のままです。

ケチ（慳貪《けんどん》）であっても、自分の身命は惜しまず、戒を破っても、身は浄《きよ》いままです。

逆に、ちっぽけな罪でさえ懼《おそ》れ、怒りを感じてもジッと我慢します。

たとえ怠け心が起こっても、よいことは率先してこれを行ない、心が乱れそうになっても心を静め、愚痴を言いながらも、ちゃんと世間・出世間の智慧を持っているのです。

偽りや諂《へつら》いの中にも、その方法は、教えの道に従っています。慢心（偉ぶる心）を示しながらも、人々の橋渡しになることに努めます。

煩悩だらけに見えながら、心はいつも清らかなのです

悪魔のようなことをしても、仏の智慧に従って、邪《よこしま》な教えには従いません。

悟りを得た人（声聞《しょうもん》）や独覚（辟支仏《びゃくしぶつ》）のように見えても、衆生のことを忘れず、慈悲心を持って、かつて聴いたこともないような法を説きます。

貧乏のように見えても、宝のような手で、みなさんにメリット（功徳《くどく》）を与えます。

見たところはお粗末でも、素晴らしい姿形を示し、賤《いや》しく見えても、仏の仲間としてのいろんな善根功徳を具《そな》えています。

賤《いや》しい者のようには見えますが、力士のような身体を具えていますので、みなさんからは憧れの眼で見られます。

老人や病人のように見えても、病気や死なんかはとっくに超越しております。

財産や妻女があっても、常に無常観を持っており、貪《むさぼ》りなどというものはありません。

人一倍訥弁《とつべん》ですが、それでもしゃべらせたらうまいものです。みなさんを危険な渡し場でなく、ちゃんとした渡し場にお連れします。

いろいろな道を示しても、無用なものは切り捨てていきます。

悟りの安らぎ（涅槃《ねはん》）を示しても、だからといって苦しみの根本（生《しょう》死《じ》）を切り捨てることはしません。

文殊さんよ。菩薩というものはこのように「道ならぬ道（非道《ひどう》）」を実践するのです。このようであってこそ、仏道に通達した人と言えるでしょう。

今までは菩薩について維摩居士の回答だったのですが、今度は「如来《にょらい》の種《しゅ》（家系）」ということ、つまり仏となるための条件を、居士の方から文殊菩薩に尋ねるのです。

（維摩）仏になるための条件について教えてください。

（文殊）それにはまず、この煩悩だらけの身体がなくてはなりません。さらに真実に暗いこと（無明《むみょう》）、愛《あい》（愛欲）、貪《とん》・瞋《じん》・痴《ち》（三毒《さんどく》）、生存者が常・楽・我・浄であると考えること（四顚倒《してんどう》）、心を悩ます五つの煩悩（五蓋《ごがい》）、眼、耳、鼻、舌、身、意という六根（六入《ろくにゅう》）、意識の留まる七つのところ（七識住《しちしきじゅう》）、邪《よこしま》な八つの過ち（八邪法《はちじゃほう》）、九悩処《くのうじょ》（九難に同じ）、身、口、意の犯す十の悪い行為（十不善道《じゅうふぜんどう》。十悪業《じゅうあくごう》に同じ）、六十二の誤った見解（六十二見《ろくじゅうにけん》）、その他、一切の煩悩こそが、仏となるための必要条件（仏《ぶっ》種《しゅ》）なのです。

（維摩）これはまたいったい、何としたことですか。

（文殊）何もせずに悟りへの心を起こすなどということは、あり得ないのです。

それはちょうど、蓮の花が陸地には咲かず、汚泥《おでい》の中から咲くようなものです。衆生は煩悩の泥の中にあってこそ、仏法の花を咲かせるのです。

これが有名な「泥中蓮《でいちゅうれん》」という語の典拠です。確かにあの汚れのない白蓮は美しく耕された土地には咲きませんね。泥沼の中からこそ、あの美しい花が咲くのだという比喩はなんと素晴らしい譬《たと》えでしょう。

（文殊）　このように、すべての煩悩こそが、如来（真如から来現したもの）の種だと知るべきです。たとえば深い海に潜《もぐ》らなければ、真珠のような高価な宝珠は得られないようなものですね。

これを聴いて感激した迦葉尊者《かしょうそんじゃ》が、文殊菩薩に言いました。

（迦葉）　なんという素晴らしいことをおっしゃるのでしょう。苦労してきた者こそが仏の種だとは。そうなると自分のような人間は、根の腐った人間なのだ、仏法にはほど遠い者と思うべきなのですね。

そこへいくと、自分は悟りを開いた者（声聞《しょうもん》）だなどと言って、俗世間との関係を断ち切っているような者は、仏法の歓びにはほど遠い、と言わねばなりませんね。やはり声聞ではだめなのですね。

ちょうどそのとき、部屋に来ていた人の中に、「あらゆる形をとって現われるもの（普現色身《ふげんしきしん》）」といわれる菩薩がおられたのです。この菩薩が維摩居士に向かって、「維摩居士、あなたの父母、妻子、親戚、従者はいったい何者なのですか。そして彼らは今どこにおられるでしょうか」と尋ねました。すると維摩居士は、次のように偈《げ》をもって答えました。

智慧をもつこと（智度《ちど》）が、菩薩にとっての母である。
智慧の発揮（方便《ほうべん》）は、父なのだ。
すべての菩薩や仏は、ここから生じるのだ。
法を知る歓びこそ妻である。

慈悲心は娘である。

善心と誠実は息子である。

空寂こそは家である。

弟子は衆生の塵労《じんろう》（塵で疲れること）で、みな私の教えに従う。

菩薩の六つの修道（六度《ろくど》）は、よき指導者（善知識《ぜんちしき》）である。これによって悟り（正覚《しょうがく》）を得ることができるからだ。

六つの悟りへの道（六波羅蜜《ろっぱらみつ》）は伴侶である。

布施・愛語・利行・同事という人々を救う方法（四摂《ししょう》）は妓女《ぎじょ》である。彼女らは歌と舞で人を集めるからだ。

教えをよく保つこと（総持《そうじ》）を庭園とし、そこには煩悩のない（無漏《むろ》）の林がある。

悟りはきれいな花であり、リラックスした心（解脱《げだつ》）は智慧の実である。

八解脱の池には、静かな心（定《じょう》）の水が充ちていて、戒浄《かいじょう》・心浄《しんじょう》・見浄《けんじょう》・度疑浄《どぎじょう》・分別道浄《ふんべつどうじょう》・行断知見浄《ぎょうだんちけんじょう》・涅槃浄《ねはんじょう》（以上、七浄《しちじょう》）の花が咲いている。

池で泳ぐ人は汚れなき人である。

天眼《てんげん》・天耳《てんに》・他心《たしん》・宿命《しゅくみょう》・神足《じんそく》のスーパーパワー（五神通《ごじんづう》）の象馬が駆け、大乗の車は一心によって調御し、八正《はっしょう》の道を駆け巡っている。

その姿がすでに美しい上に、さらに飾りが付いている。

懺悔《さんげ》の衣服を着、深心の首飾りを付けている。

家の財産は、信《しん》、戒《かい》、聞《もん》、捨《しゃ》、慧《え》、慚《ざん》、愧《き》である。

衆生を救うから、家はますます豊かになる。

自分は教えに従って修行を積み、しかも人のためにするから財産はますます増える。

坐禅を牀座《しょうざ》とし、智慧はますます深くなる。しかも人の言に耳を傾けるから、智慧はいよいよ増す。

仏法の甘露を食とし、解脱の味を振りかける。

心を浄めるために入浴し、戒律の香水を振る。

煩悩の賊を退治し、四種の悪魔を降伏させ、勝利の幟《のぼり》を、高く道場に揚げる。

ここまでは、菩薩の素晴らしい家庭生活のありさまを、多少とも象徴的に述べてありますが、次からは、ややトーンが変わります。ここから先は菩薩の自由自在なハタラキを述べています。


生滅のない世界を示すために、逆にすべてをはっきり見せる。

あらゆる仏たちに供養するが、仏と自分とを区別することはない。

仏の国も衆生も空であるけれども、いちおう浄土を示して、衆生を導く。

あらゆる衆生の姿形やふるまいを恐れない（無畏力）菩薩は、何にでもなって現われる。

悪魔の仕業《しわざ》と知りながらも、その悪魔の行ないもしてみせる。

自分自身の老病死を示して、苦しんでいる生き物を救う。

存在はみな幻だと知っていても、留まることがない。

この世が消滅するさまを示しながら、同時に世界をはっきり見せる。

衆生に永遠を望む想いがあれば、無常を知らしめる。

無数の衆生がやって来て菩薩を招けば、すぐに出かけて行ってみなを仏道に向かわせ、惑いを解き、邪見に堕ちるのを救う。

あるいは太陽や月や天空の主となり、また大地や水、あるいは風や火にもなる。

病気と知れば、自分で薬草となって、これを服する者を癒《いや》す。

飢饉《ききん》のときは食料となって、その飢えを救う。

戦う者あれば、慈悲の心を起こさせ、争いのない場所に連れて行く。

大戦があれば同じ力（等力《とうりき》）で威力を発揮し、相手を降伏させ、平和に導く。

地獄があると知れば行ってその苦しみを救い、畜生が共食いをしていれば、みずからが食となって、彼らに与える。

五欲を丸出しにするかと思えば、また静かな禅心を見せて、悪魔を混乱させる。

欲望の中で禅を行じることは、それこそ火中に蓮華を生じるほどに稀有《けう》なことである。

時には売春婦（淫女）となって、色欲の釣り針で男を釣り、その後で仏智に入らせる。

あるいは村の村長となり、あるいは商人となって、国主や大臣を指導し、衆生に利益をもたらす。

貧苦の者には宝の蔵（無尽蔵《むじんぞう》）となって彼らを導き、悟りへの心を起こさせる。

思い上がったような者には力士となって、思い上がりを叩き、この上なき道へと導く。

恐れおののく（恐懼《きょうく》する）者があれば、その前に坐って慰め、恐れなきこと（無畏《むい》）を施し、その後に道心を起こさせる。

婬欲を離れた仙人になりすまし、迷える連中を戒律、忍耐、慈悲へと向かわせる。

給仕が必要な人には、その給仕となって喜ばせ、彼らを仏道に導く。


『維摩経』の説く菩薩の自由自在な変化《へんげ》を、経に従って長々と列記してみましたが、どれもこれもいざ実践するとなると、なかなか難しいですね。しかし、私たち一人ひとりも、他ならぬ大乗の菩薩なのですから、これを他人ごととして、感心ばかりもしておれないのです。

「仏道品第八」は、次の一文で結ばれています。

このように「仏道」というものは、量り知れないものであって、これを実践しようとすれば、限りのないものである。もとより智慧は、これで完全というものではないが、それでも菩薩によって無数の衆生が済度されることは間違いない。

こんな素晴らしいことは、たとい一切の仏たちが無限時間を割いて讃嘆しようとされても、とうてい讃嘆し尽くせるものではなかろう。

このような素晴らしい教えを聴いて、悟りへの決意（菩提心《ぼだいしん》）を起こさない者が果たしてあるだろうか。もとより、愚かで真理にほど遠い（痴冥無智《ちめいむち》）人間は例外として。

対立を超える世界——入《にっ》不《ぷ》二《に》法門品《ほうもんぼん》第九

さて、いよいよ『維摩経』の本命である「不二《ふに》の法門」に辿り着きました。私たち人間には、私は私であって私以外のものではないという、いわゆる「自己意識」、つまり自我意識というものがあって、それによって自分と他人を区別し、自分と周りの世界とを区別して生きています。

動物にもまた本能というものがあって、美味しいものがあれば近づき、危険なものと知れば逃げようとします。しかし動物たちには、「私は私であって、その私が世界にとりまかれているのだ」というような、自己中心的な意識はないでしょう。

人間も、エデンの園に遊んでいるあいだはそうであったのですが、神さまの命令に背いて禁断の実（差別する知恵の実）を食べた瞬間から自意識が芽生え、アダムとイヴは自分とは異なる相手の性に気付き、そのために罪に堕ち、エデンの園を追われたと説かれています。つまりユダヤ・キリスト教によりますと、人間の罪の根本原因は、そういう自他の意識だというわけです。

仏教も同じで、いわゆる「分別知《ふんべつち》」というものが、迷いの根本であると説いています。したがって、迷いから覚めて悟りを得るためには、どうしても一度、この分別知を粉砕しなければならないと教えるのです。

だからといって、物を分別することをやめたならば、自分と周りの世界が一つになってしまい、山も川も、大も小も、上も下も、男も女も区別がなくなり、まるで赤ん坊のように右も左もわからぬことになってしまうでしょう。そうなると、感覚器官だけを働かせて、本能の導くままに生きる動物と同じになってしまい、「人間として生きる」意味がなくなってしまいます。

そこで人間は、なんとかして罪を償い、神さまの赦《ゆる》しを得なくてはならないのだ、とユダヤ・キリスト教では説いているのです。そのために大切なものが「信仰」という道でありましょう。

では、分別知のために迷い苦しむ衆生は、どうすれば、その苦悩から脱出することができるか。仏教ではその解決法として、「不二」という教えが説かれているのです。

ブッダ自身その解決法を、分別知からの逃避ではなく、「迷いの分別知から、悟りの分別知へ」という超越的次元に求めたのです。これはいわゆる分別からの超越ではなく、分別の中での超越とも言うべきもので、無理に言えば「内在的超越」とも言うことができましょう。

この章で維摩居士によって説かれる「不二の法門」も、単純に「二」という分別を否定する「一」ではないのです。そこが世界に稀有な大乗という思想なのです。さっそく読んでみましょう。

そのとき維摩居士はその場にいた菩薩たちに向かって、「みなさん、菩薩はどのようにして素晴らしい世界（不二の法門）に入るのですか。それぞれ自分の体験に従ってお聞かせください」と言われました。

これに対して菩薩たちはそれぞれ、次のように述べました。

法自在《ほうじざい》（自由に自分を変幻する）菩薩は、次のように言いました。

「生《しょう》と滅《めつ》とは二です。しかし存在するものは、わざわざ生じたものではないのですから、それが滅びるということも、またないわけです。このように、存在の不生不滅を確信する無生法忍《むしょうぼうにん》を得れば、これを不二の法門に入るというのです」。

徳守《とくしゅ》（めでたい秘密をもつ）菩薩は言いました。

「自分と周りの世界は二です。自分がいるから、周りの世界もあるわけです。自分がなければ世界もないでしょう。これを不二の法門に入ると言うのです」。

不眴《ふじゅん》（瞬《まばた》きしない、常に慧眼が開いている）菩薩は言いました。

「認識すると認識しないとは二です。もし存在を認識しなかったら得ることはできないのです（不可得《ふかとく》）。不可得には取も捨も、作《さ》も行《ぎょう》もないのです。これを不二の法門に入るというのです」。

徳頂《とくちょう》（吉祥《きっしょう》の峰）菩薩は言いました。

「垢《く》（あか）と浄《じょう》（清らか）とは二です。しかし、垢の本体には浄もありませんから、滅相と言うべきです。これを不二の法門に入るというのです」。

善宿《ぜんしゅく》（善き星）菩薩は言いました。

「行動と思考とは二です。行動がなければ思考もありません、思考がなければ分別もないわけです。こういうところに通達することを、不二の法門に入るというのです」。

善眼《ぜんげん》（明るい眼）菩薩は言いました。

「有相と無相とは二です。しかし有相といっても実は無相なのだと知れば、無相だなどと言わなくても、有相のままで有無平等を得るでしょう。これを不二の法門に入るというのです」。

妙臂《みょうひ》（美しい腕）菩薩は言いました。

「菩薩の心と声聞《しょうもん》の心は二です。そもそも心というものは空《くう》であり、幻のようなものであると観れば、そこには菩薩心も声聞心もありません。これを不二の法門に入ると言うのです」。

弗沙《ふっしゃ》（ブシュヤ星《せい》）菩薩は言いました。

「善と不善とは二です。しかし善と不善とを起こさず、平等真実の空の道理（無相際《むそうざい》）に通達すれば、これを不二の法門に入ると言うのです」。

師子《しし》（獅子）菩薩は言いました。

「罪《ざい》と福《ふく》とは二です。しかし、もし罪性《ざいしょう》は福と異ならないのだと金剛の智慧をもって、そのありようを見抜けば、束縛も解放もないでしょう。これを不二の法門に入ると言うのです」。

師子意《ししい》（獅子の心）菩薩は言いました。

「煩悩が毛穴から漏れ出ること（有漏《うろ》）と無漏《むろ》とは二です。しかし、すべての存在（諸法）は等しいことを見抜きさえすれば、漏《ろ》とか不漏《ふろ》とかいう考えは、もはや起こりません。相（形あるもの）にも無相（形なきもの）にもこだわらなければ、これを不二の法門に入ると言うのです」。

浄解《じょうげ》（楽しい信順）菩薩は言いました。

「有為《うい》と無為《むい》とは二です。もし一切の二さえ離れれば、心は虚空のようで、清浄の智慧によって関わりさえしなければ、これを不二の法門に入ると言うのです」。

那羅延《ならえん》（金剛力士）菩薩は言いました。

「世間と出世間とは二です。世間の本性が空《くう》であれば、これがそのままで出世間なのです。世間から出世間へと出たり入ったり、溢れたり、広がったりしなければ、これを不二の法門に入ると言うのです」。

善意《ぜんい》（心の訓練された）菩薩は言いました。

「生死《しょうじ》と涅槃《ねはん》とは二です。しかしもし、生死というものをしっかりと見つめれば、生とか死とかいうものはなく、束縛も解放もなく、生滅もない。そう悟ることを、不二の法門に入ると言うのです」。

現見《げんけん》（目の当たりに見る）菩薩は言いました。

「尽きると尽きないとは二です。存在が徹底的に尽きるとき、それ以上尽きることはないから、不尽です。そのように空には、尽とか不尽とかいうものはありません。これを不二の法門に入ると言うのです」。

普守《ふしゅ》（普《あま》く隠《ね》された）菩薩は言いました。

「我《が》と無我《むが》は二です。我すら得ることができないのに、我でないものを、どうして得ることができましょう。そうです、我の本性（実性《じっしょう》）さえ見破れば、もはや二などというものはあり得ません。これを不二の法門に入ると言うのです」。

電天《でんてん》（神である稲光）菩薩は言いました。

「明《みょう》と無明《むみょう》とは二です。しかし無明の本性は明なのです。明といってもそれを見ることはできません。明は一切の数《しゅ》を離れています。その中ではすべてが平等にして無二です。これを不二の法門に入ると言うのです」。


喜見《きけん》（親愛をもって見る）菩薩は言いました。

「見えるもの（色《しき》）と空《くう》とは二です。しかし色はそのまま空なのです。色が滅して空になるのではありません。色はもともと空なのです。同じように受《じゅ》・想《そう》・行《ぎょう》・識《しき》についても、識と空とは不二です。識がなくなって空となるのではありません。識はもともと空なのです。このことを知るのを不二の法門に入ると言うのです」。


明相《みょうそう》（光輝を旗印とする）菩薩は言いました。

「地・水・火・風という四種の性《しょう》と虚空界《こくうかい》の性は二です。しかし、四種の性はもともと空です。過去にも未来にも現在においても、すべて空です。

よくこのことがわかれば、不二の法門に入ると言うのです。

妙意《みょうい》（智慧の勝れた）菩薩は言いました。

「眼《がん》と色《しき》は二です。もし、眼の本性を知っていて、見る対象に執著しなければ、これを寂滅というのです。同じように耳と声、鼻と香り、舌と味、身と触、意と法は二です。もし意の本性をよく知って、存在するものに対して三毒《さんどく》（貪《とん》・瞋《じん》・痴《ち》）がなければ、これが寂滅というものです。ここに安住することができれば、不二の法門に入ると言うのです」。

無尽意《むじんに》（尽きない智慧）菩薩は言いました。

「布施《ふせ》と一切智に回向《えこう》することは二です。しかし布施というのはほんらい、一切智に回向することなのです。同じように、持戒《じかい》・忍辱《にんにく》・精進《しょうじん》・禅定《ぜんじょう》・智慧《ちえ》という五つの波羅蜜《はらみつ》と一切智に回向することとは二です。しかし智慧の本質は一切智に回向することと同じです。そのように一つであるという道理を得れば、これを不二の法門に入ると言うのです」。

深慧《じんね》（深い智慧）菩薩は言いました。

「空、無相、無願という三つの解脱門《げだつもん》はそれぞれ違うととらえれば二です。しかし空はそのまま無相であり、無相はそのまま無願であります。そこには心、意、識というものはありません。すると一解脱門で充分です。これを不二の法門に入ると言うのです」。


寂根《じゃくこん》（感官の静かな）菩薩は言いました。

「仏と法と僧はそれぞれ違うととらえることは二です。しかし仏は法であり、法は僧であり、これら三宝はみな無為《むい》であり　無為は虚空のようなものであります。あらゆる存在は虚空のようなものだ、とわかることが、不二の法門に入ると言うことです」。


心無礙《しんむげ》（さえぎられることのない心）菩薩は言いました。

「身と身の滅びることは二です。しかしよく見ると、身の中に身の滅びが含まれています。身は自分を知らず、身の滅びることも知りません。身と身の滅びることは一つです。このことを恐れなければ、これを不二の法門に入ると言うのです」。

上善《じょうぜん》（よく訓練された）菩薩は言いました。

「身、口、意のそれぞれが別であるととらえることは二です。しかしこれらの三つの運動には、どれにも跡形がありません。この無願（形成する性質を持たない）という智慧に覚めることを、不二の法門に入ると言うのです」。

福田《ふくでん》（福徳の国土）菩薩は言いました。

「娑婆《しゃば》世界における善行と、罪行と、そのどちらでもない行ないとは二です。しかしそれらはいずれも、中身が空であるとわかること、これを不二の法門に入ると言うのです」。

華厳《けごん》（蓮華で飾られた）菩薩は言いました。

「自我が二というものを作り出すのです。自我というものをよく見つめれば、二の区別など起こらないのです。区別の世界に留まりさえしなければ、識《し》るると識られるとの対立はないでしょう。これを不二の法門に入ると言うのです」。

徳蔵《とくぞう》（めでたき胎蔵《たいぞう》）菩薩は言いました。

「物を手にするとき対立の二があるのです。認識さえなければ、取捨することはありません。取捨がなければ、これを不二の法門に入ると言うのです」。

月上《がつじょう》（すぐれた月）菩薩は言いました。

「闇と明かりとは二です。闇も明かりもなければ、二などありません。なぜかと言うと、あらゆる心的活動がすべて停止している坐禅の状態（滅尽《めつじん》定《じょう》）に入れば、闇と明かりという二はありません。あらゆる存在もそれと同じで、その平等なることを知れば、それを不二の法門に入ると言うのです」。

宝印手《ほういんしゅ》（手に宝印のある）菩薩は言いました。

「涅槃の安らぎを楽《ねが》うことと、世間《せけん》の苦しみを楽わないこととは二です。もし涅槃を楽わず、世間を厭《いと》わなければ、二などないわけです。なぜかというと、縛りがあれば解くということもあるわけですが、最初から縛りがなければ、誰が解くことなど求めるでしょうか。縛や解縛がなければ楽うも厭うもないでしょう。これを不二の法門に入ると言うのです」。

珠頂王《じゅちょうおう》（頭頂に宝石を持つ王）菩薩は言いました。

「正道と邪道とを二とします。正道に執着すれば邪ですが、この二つを離れれば、これが不二の法門に入るということです」。

楽実《らくじつ》（真理を喜ぶ）菩薩は言いました。

「実《じつ》と不実《ふじつ》とを二とします。実見《じっけん》の者は、実など見ていません。いわんや非実をやです。どうしてかと言いますと、肉眼では見えないものも、慧眼《えげん》はよく見るのですから。しかもこの慧眼には見も不見もないのです。これを不二の法門に入るというのです」。

このように菩薩たちが、入不二法門《にっぷにほうもん》について、それぞれ自分の所信を述べ終わってから、文殊菩薩に向かって、「ところで文殊菩薩にとって、不二《ふに》の法門に入るとは、どのようなことでしょうか」と尋ねますと、文殊菩薩は次のように答えられたのです。

私には、すべての存在するものについて、語る言葉も、説明も、示す方法もありません。意識すら持たないのです。したがって、あれこれと議論することさえありません。まあ、これが私の入不二法門と言えましょう。

ここで文殊菩薩は維摩居士に向かって、「お聴きのように、私どもはそれぞれに自分の考えを述べました。どうか一つ、あなたの入不二法門をお聞かせください」と言いました。

すると維摩居士は、ただ「黙」として、何も言われませんでした。文殊菩薩はこの一黙を讃嘆して、「善いかな善いかな、文字や言葉さえ届かない。これが真に、不二の法門に入る、ということなのだ」と絶讃したのでした。

こうして「入不二法門」が説かれると、ここに集まっていた五千人の菩薩がそろって、不二法門を得、すべてのものは不生なのだという確信、すなわち「無生法忍《むしょうぼうにん》」を手にしたのでした。


これで、「入不二法門品第九」は終わりです。このようにしてそれぞれの菩薩が、それぞれに自分の確信するところを披瀝しました。それに対して維摩居士は、ただ「黙」をもって「入不二」の真実を伝えられたのです。

最後に示された維摩居士のこの貴重な沈黙は、古来「維摩の一黙」として伝えられるもので、禅宗の語録『碧巌録《へきがんろく》』八十四則にも、公案として採り上げられています。

私たち人間は、日常生活を自他分別の意識によって過ごしているわけですが、実はここにこそ、人間としての免れない苦悩が潜んでいるわけです。そうかといって意識を滅しては、一日とて生きることはできません。

そうなると意識の中で、意識と無意識の二元を超えなければならない。そういう理不尽な世界こそ、維摩居士の説く「不二の法門」なのであります。

禅の修行もまた、坐禅を通して修行者を一度、絶体絶命の「大死一番《たいしいちばん》」の無意識に到らせ、そこから「絶後《ぜつご》に蘇《よみがえ》る」という意識への回帰を実体験させる、命懸けの修行であります。

それは人間として、あまりにも過酷な体験であり、「懸崖《けんがい》に手を撒《さっ》する（崖っぷちで手を離す）」自己努力と、そこからふたたび意識の世界へと蘇らせる、師の眼力とによって実現されるものであります。ここに実現する悟りの中身こそ、弟子と師という二人の努力によって実現せられる入不二の法門ではないでしょうか。

香りの世界――香積仏品第十《こうしゃくぶつぼん》

香りの世界

さて、このとき、思いやりの深い舎利弗は心配していました。そろそろお腹がすいてきたが、ここに来ている菩薩たちの食べ物は、いったいどうなるのだろう、と。

すると、いち早くこれを察知した維摩居士は言いました。

ブッダは八種の禅定を通って、色界から無色界へと高い禅定に入って、最期に滅尽定《めつじんじょう》に達すること（八解脱《はちげだつ》）を説かれ、菩薩たちもまた、みなこれを実践しているというのに、腹が減ったなどという食欲を覚えながら法を聴くとは、いったいどうしたことですか。

そんなに食べたいと思われるのなら、少しお待ちいただければ、今まで食べたことのないような食べ物を用意いたしましょう。

そのように述べた維摩居士は、ただちに神通力をもって、菩薩たちに次のような世界を示されました。

天の彼方《かなた》四十二の恒河沙《ごうがしゃ》（ガンジス川の砂の数ほど多いこと）の仏国土を過ぎて行くと、「衆香《しゅこう》」という国があります。この国の仏さまは香積《こうしゃく》というお方で、その国の香りといえば、十方諸仏の世界の香りの中でも最高のものでありました。

この国には、もはや声聞《しょうもん》や辟支仏《びゃくしぶつ》（羅漢に同じ）というような浅い悟りの人はいません。ただ清浄な菩薩たちがおられるだけで、仏さまは彼らのために説法しておられるのです。

その世界に存在するものはすべて、芳香芬々《ほうこうふんぷん》としています。楼閣、大地、公園などはすべて香《かん》しい《ば》。殊《こと》にその食事の香りときたら、十方の限りなき世界にまで届いていたのです。

折しも、香積仏は、多くの菩薩たちとともに、坐って食事をしておられるところでした。香厳《こうごん》と呼ばれるこの国の天子たちは、みな無上の悟りへの願を起こし、香積仏とその菩薩たちを供養しています。

維摩居士の丈室に集まっていた大衆《だいしゅ》が、この景色を目の当たりにして驚いていると、維摩居士が、「菩薩のみなさん、あなた方の誰がこのような香り高い仏飯をいただくことができるでしょうか」と尋ねられました。

このとき、文殊菩薩は維摩居士を称えようと思って、敢えてみなを黙らせていました。すると維摩居士は、「文殊菩薩よ、あなたはここに集まっている人々のことを、恥ずかしいとは思いませんか」と言います。

すると文殊菩薩は、「ブッダがいつもおっしゃっておられる通り、たとえ新米の菩薩といえども軽蔑してはいけませんよ」と言いました。

そこで維摩居士は神通力によって、一人の素晴らしい姿と光明かがやく化身の菩薩（化菩薩《けぼさつ》）を創りだしました。するとその化菩薩は、みなの見上げる中、はるか彼方の衆香界にまで昇っていき、香積仏の脚元で礼拝して、深く尊敬の念を表わし、次のように言いました。

下界の維摩詰は平素から、香積仏さまを尊敬しておられます。お身体の具合はいかがでしょうか。ところでできましたら仏さまの残された香り高い食を娑婆世界に持ち帰り、それによって不十分な法（小法《しょうぼう》）を求めている者たちを大道に導き、あなたさまの名を高からしめたいと思って参りました。

傍らで食事していた天界の菩薩たちは、今までこのような不思議な人を見たことがないと讃歎し、仏に向かって次のように尋ねました。

（菩薩たち）　この方はいったいどこから来られたのですか。娑婆世界というのはどこにあるのでしょうか。また間違った小法と言われる法とはいったい、どんな法なのでしょう。

するると香積仏は、周りの菩薩たちに向かって、次のように言われました。

（香積仏）ここから下の方へ向かって四十二恒河沙を過ぎると、娑婆《しゃば》という世界があり、そこに釈迦牟尼《しゃかむに》という仏がおられるのだ。この方はいま「五濁悪世《ごじょくあくせ》」の世界の中で、迷い苦しむ衆生のために教えを説いておられる。

その国に維摩居士という方がおられて、不可思議解脱という境地にあって、さまざまな菩薩たちに法を説いておられるのだ。そしていま化身の菩薩をここに送って来られて、香積仏の名をあの娑婆世界に知らしめようとされているのだ。そしてこの香積界を称えて、娑婆世界の者たちに功徳《くどく》を積ませようとしておられるのだ。

（菩薩たち）それはまた何という素晴らしい教化をなさる方でしょう。そしてまたその方は、どうしてそんな不思議な神通力をお持ちなのですか。

（香積仏）　その神通力はすごいものだぞ。どこへでも出掛けて仏事を行ない、衆生のために利益をもたらされるのだ。

そう言って香積仏は、いろんな香りの鉢に香りの高い仏飯を盛って化菩薩に与えました。そのとき、九百万の菩薩が声をそろえて、

（菩薩たち）　私たちもその娑婆世界とやらに降りていって、釈迦牟尼仏を供養し、維摩居士とそれらの菩薩たちに、お目に掛かりたいものです。

すると香積仏は言われました。

（香積仏）　行くがいい。だが自分の香りを隠して、衆生たちに惑いを起こさせないようにしなければいけないぞ。自分のほんとうの姿を見せて、あの世で菩薩になりたいと思っている人々を、恥ずかしめてはいけないのだ。

その世界へ降りて行ったら、軽蔑の念や嫌悪の思いを持ってはならないのだ。

なぜならば、世界中の国々はほんらい虚空であるのに、そこにいる仏たちはみな、間違った悟りを求めている者を救おうとして、敢えて清浄な世界を見せないようにしておられるのだから。


そうしてかの化菩薩は、香り高い仏飯を頂戴し、香積界に住む九百万の菩薩たちとともに、香積仏の威力と維摩居士の神通力を受けて、たちまちその姿を消し、一瞬のうちに維摩居士の居室にやって来ました。

そこで維摩居士は九百万の菩薩のために素晴らしい椅子を用意し、部屋を荘厳に飾り立てました。菩薩たちがそこに坐ると、化菩薩は香り高い仏飯を、まず維摩居士に差し上げました。

するとその香りは、ヴァイシャーリーの街はもとより三千大千世界を香らせたのです。この街の婆羅門や在家の居士たちは、その不思議に驚きました。

そのとき長者の月蓋《げつがい》が、八万四千人の人々を従えて維摩居士の住まいにやって来ました。彼らは維摩居士の丈室にいる大勢の菩薩たちや、そこに並んでいる豪華で素晴らしい椅子に歓喜し、菩薩たちを拝んだ後、退いて小さくなっていました。

また、さまざまな大地の神、虚空の神、欲界の神々たちも、この香りに引かれて維摩居士の部屋に入ってきました。

維摩居士の丈室での食事

すると維摩居士が、舎利弗や大勢の偉大な声聞《しょうもん》たちに向かって、

（維摩）　さあ、みなさん、香積仏の美味しいご飯をお上がりなさい。このご飯は大悲の香りがするでしょう。しかし、いい加減な気持ちでこの食事をいただくと、かえってお腹をこわすでしょう。

と言われました。これを聞くと、ある一人の声聞が秘かに、「こんなわずかな食事を、ここにいる大勢の人がどうして食べられるのだろう」と思いました。

そのとき、化菩薩が言われました。

（化菩薩）声聞のみなさんの小徳や小智で、如来さまの福慧《ふくえ》を想像してはいけませんぞ。たとえ四海の水が涸《か》れても、この食事は尽きることがないのです。すべての人に与えてくださっているのですから。

一握りのお握りにしても、それは宇宙の中央に聳《そび》える山（須弥山《しゅみせん》）の大きさであり、無限の時間（一劫《いちごう》）のあいだ食べ続けてもなくならないでしょう。この食事は、限りない戒《かい》、定《じょう》（坐禅）、慧《え》（智慧）、解脱《げだつ》（解放）、功徳《くどく》（解脱の効力）を身に付けた人が食べるものですから、尽きることがないのです。

このようにして香り高い食事は、集まっている人々を満足させましたが、食量は少しも減らず、もとの通りでありました。

しかも、これを食べたこの世の菩薩や声聞、天人たちの身体が安らかで、快楽きわまりないことは、あの香積界の菩薩たちと同じであったのです。それぞれの人が毛穴から発する妙なる香りは、あの香積国の樹のようでした。

このとき、維摩居士が衆香菩薩に向かって、「香積仏はどのような法を説いておられるのですか」と尋ねました。

するとと菩薩は答えました。


（衆香）　私たちの国では、如来さまが法を文字で説かれることはありません。ただ、さまざまな香りで、さまざまな天人たちを正しい生活に導かれるのです。菩薩たちは、それぞれが香樹の下に坐って、その香りを利《き》き、すべての徳の具わった寂静《じゃくじょう》（三昧《ざんまい》）を得るのです。そしてこの三昧を得たものは、菩薩としての徳（功徳）が具わるのです。

娑婆世界の説法

今度は天界の菩薩たちが維摩居士に、「この世界でお釈迦さまは、どのようにして法を説かれているのですか」と尋ねました。すると維摩居士は言われました。

（維摩）　この娑婆世界の衆生は、なかなか頑固で、済度するのが大変です。ですからブッダも、かなり強烈な言葉で、次のような法を説かれているのです。

地獄、餓鬼、畜生という世界は、愚かな人間の行くところだ。その理由は次のようなことを行なった報いなのだ。

身体による悪行の報い。
口による悪行の報い。
意《こころ》による悪行の報い。
殺生《せっしょう》の報い。
盗み（不与取）の報い。
邪《よこしま》な性行為（邪淫）の報い。
嘘つき（妄語）の報い。
二枚舌（両舌）の報い。
悪口（悪言）の報い。
戯《ざ》れ言《ごと》（無義語）の報い。

物惜しみ（貪《とん》）の報い。
怒り（瞋《じん》）の報い。
意地悪（邪見《じゃけん》）の報い。
妬み（慳吝《けんりん》）の報い。
破戒（毀界《きかい》）の報い。
怒り（瞋恚《じんい》）の報い。
怠け（懈怠《けたい》）の報い。
乱心（乱意《らんい》）の報い。
愚かな智慧（愚痴《ぐち》）の報い。
（以下略）

このようにしてブッダは烈《はげ》しい言葉で、さまざまなことを説かれ、それによって暴れ馬のような心を安定させるのです。たとえば馬や象が手に負えない場合は、薬を与えたり身体の要所を打って調御《じょうご》するように、手に負えない衆生をも、あらゆる痛切な言葉をもって調御されるのです。

これを聞くと、天界の菩薩たちは、口をそろえて次のように言いました。

「釈迦牟尼世尊はすごいお方ですね。世尊は自分の自在力を隠して貧しい衆生に合わせ、衆生が楽しむように考えながら彼らを救われるとは、まことに奇特なことですね。そしてこの世界の菩薩たちもまた努力して、量り知れない大悲をもって、この世界に生まれて来られているのですね」。

すると維摩居士が言われました。

「そうです、この娑婆世界の菩薩たちが、衆生のために発揮される大慈悲心については、言うまでもありません。菩薩がその一生に衆生を利することは、天国における長い時間（百千劫《ひゃくせんごう》）の努力よりも大きいでしょう。なぜかと言いますと、この娑婆世界には他の世界にはない、次のような「十の素晴らしい仕事（十善法《じゅうぜんぼう》）」があるからです」と、その十の仕事を語ります。

施すこと（布施《ふせ》）によって、貧者を救う。

清浄な戒（浄戒《じょうかい》）によって、破戒する者を誡《いまし》める。

耐え忍ぶこと（忍辱《にんにく》）によって、腹立ちを抑える。

精進《しょうじん》によって、怠け心を叱咤《しった》する。

坐禅すること（禅定《ぜんじょう》）によって、心の乱れを調える。

智慧によって、愚痴を抑える。

除難《じょなん》の法によって、地獄・餓鬼・畜生・長寿天（長寿のために求道心が起こらない）・辺地（ここは楽しみが多すぎる）・感覚的欠陥・世智弁聡（世俗の智にたけて正理に従わない）・無仏（仏が存在しないとき）という八難を救う。

小乗の教えで満足している者に、大乗を説く。

さまざまな善根によって、無徳の者を救う。

布施（法や財を他人に与える）・愛語（相手を見て、優しい言葉をかける）・利行（よき行ないによって人に利益を与える）・同事（相手と同じ立場に身を置く）という四摂事《ししょうじ》（四摂法とも）によって衆生を導く。

天界の菩薩は、娑婆世界の菩薩に向かってさらに、「この娑婆世界の菩薩は、どのような法を成し遂げれば、浄土に生まれるのですか」と尋ねます。するとるのです。その八法とは、次のようなものです」と説明しました。

衆生に利益を与えて、何らの報いを期待しない。

一切の衆生に代わってさまざまな苦しみに耐え忍び、善行で得た功徳（メリット）は惜しみなく衆生に返す。

心を衆生と等しくし、常に謙虚に門戸を開いて、仏の眼差しを向ける。

声聞《しょうもん》（小乗の行者）とも仲違いしない。

聴いたこともないお経にも、耳を傾けて疑わない。

他者が受ける供養を妬《ねた》まず、自分の利得を誇らず、しかも心は静かである。

常に自分の過ちを反省し、他人の短所を責めることがない。

いつも静かな心をもって、さまざまな功徳を受けようとする。

維摩居士がみなの前でこのように説明すると、百千の天人たちはこの上なき悟りへの心を起こし、一万の菩薩たちもまた、一切の存在は不生不滅であるという確信（無生法忍《むしょうぼうにん》）を得たのでした。

「香積仏品第十」は、こうして幕を閉じます。ここではブッダの弟子たちが、天上の香積世界から降りて来た天人や菩薩たちと食事をともにし、得も言われぬ至福に満たされ、また、天からやって来た菩薩たちの方も維摩居士の説く、この苦しみの多い娑婆世界に住む「大乗の菩薩」たちの話を聴いて、初めてのごとくいたく感動し、自分たちもまた、そのような菩薩でありたいものだと、改めて無上の悟りへの眼を開いたという話です。

確かに天上の香積界にあって、香積仏とともに悟りを楽しむ菩薩たちには、娑婆世界にあるような苦しみを味わうことはないでしょう。そのために苦しみというものを知らず、その中にあってこそ味わうことのできる、真の楽しみには気付いていなかったのでしょう。

このように、苦しみの娑婆世界ならではの歓びと楽しみを、説いて聴かせようとすることこそ、『維摩経』の真意であったのです。

菩薩の生きる道――菩薩行品《ぼさつぎょうぼん》第十一

菩薩とはいかなるものか

さて、ここで『維摩経』の舞台はガラリと変わって、菴摩羅樹園《あんまらじゅえん》（菴摩蘿はマンゴー樹のこと）に移ります。

ここではブッダが、天からの菩薩や周りにいる弟子たちに向かって、「菩薩というものはどのようなものか」を説いて聴かせます。その説かれる内容がまた論理的には矛盾するものばかりであります。

しかし有り難いことに、それを実践さえすれば、論理の矛盾などは遥かに飛び超えることができるのであります。さてその真実の矛盾する内容とは、いったいどのようなものなのでしょうか。

あるとき菴摩羅樹園でブッダが法を説いておられると、にわかに奇瑞《きずい》が起こりました。ブッダの説法を聴いていた人の肌が、いっせいに金色に変わったのです。

弟子の阿難《あなん》が、「世尊《せそん》（ブッダの尊称）、これはいったいどうしたことでしょう」と言うと、「これは今、維摩居士と文殊菩薩が大勢の人々に囲まれ、決意してこちらへやって来られる前兆なのだ」と言われました。

折しも維摩居士が文殊菩薩に向かって、「文殊さん、一緒にブッダのところへ行こうじゃありませんか。そして大勢の菩薩を称えるために供養（捧げ物をすること）しましょうよ」と言うと、文殊菩薩が、「それはよいことですね。さあ、行きましょう、チャンス到来です」と、すぐに同意したのでした。

維摩居士は神通力によって、大勢の菩薩と多くの獅子座《ししざ》（椅子）を右の掌《てのひら》に載せ、ブッダのところにやって来ました。到着するやブッダの脚に頭を着けて拝み、ブッダの周りを右廻りすること七回、一心に合掌した後、所定の場所に坐りました。

獅子座に坐ったままでやって来た菩薩たちもみな、それぞれの座を降りてブッダの脚に頭を着けて拝み、同じようにその周りを右に七回廻って、それぞれの位置に坐りました。

その他、大勢の弟子、帝釈天、梵天、護世神、天子たちもみな、ブッダの脚に頭を着けて礼拝すると、一方に陣取って坐りました。

香飯《こうはん》の神通力

ブッダは一坐の菩薩たちを慰められると、やって来たみなの者をそれぞれ所定の座に坐らせてから、口を開かれました。
（ブッダ）舎利弗よ、おまえは菩薩の神通力というものを見たであろうな。
（舎利弗）はい、世尊、その様子を見まして私は、とても不思議な気持ちがしたのでございます。それは私ごときが今まで考え及ぶところのものではありませんでした。

（阿難）それに今漂っている香りといったら、かつて匂ったことのないものですが、これはいったい何の香りなのでしょう。

（ブッダ）これはあの菩薩の毛穴から出た香りなのだ。
（舎利弗）そう言えば私たちの毛穴からも、今、同じ香りが漂っています。

（阿難）この香りはいったい、どこから来たものでしょうか。

（舎利弗）維摩居士に召された化身の菩薩が衆香国《しゅこうこく》より、香積仏の残された食事を持ち帰り、それを居士の部屋で食べた者は、誰もみな毛穴から素晴らしい香りがしているのです。

（阿難）維摩居士、この香りはいったい、いつまで続くのでしょうか。

（維摩）この食物を消化してしまうまで続くでしょう。

（阿難）いつ消化してしまうのですか。

（維摩）七日すれば、消化してしまうでしょう。また阿難さん、もし声聞（まだ菩薩に到らない人）の人がこの食事をいただいたときは、その人が菩薩になったとき、ようやく消化が終わることでしょう。

すでに菩薩の位に入っている人の場合は、悟り（心解脱《しんげだつ》）を得れば、その後消化が終わるでしょう。

もしまだ大乗への決意を持たないでこの食事を口にすれば、その人は大乗の決意が起これば、消化が終わるでしょう。

すでに大乗への心を持っていても、確信的な智（無生法忍《むしょうぼうにん》）を得て、初めて消化が終わるでしょう。

無生法忍を得た人でも、あと一生で仏となるところ（一生補処《いっしょうふしょ》）まで行けば消化が終わるでしょう。

たとえば上味《じょうみ》という薬は、身体の毒がみな消えた後で消化が終わるようなものです。この食事も同様、すべての煩悩の毒を滅ぼしてから消化が終わるのです。


（阿難）世尊よ、そんな話は、かつて聴いたことがありません。

（ブッダ）香飯というものはそのように、よく仏道を達成せしめるのだ。
そうなのだよ、阿難。仏土では
仏の光明によって仏道を行じ、
菩薩によって仏道を行じ、
救うべき衆生によって仏道を行じ、
菩提樹によって仏道を行じ、

仏の衣服や寝具によって仏道を行じ、
あるいはまた食事によって仏道を行じ、
また公園や月見台によって仏道を行じ、
仏の素晴らしい姿（三十二相・八十種好《しゅこう》）によって仏道を行じ、
仏身によって仏道を行じ、
虚空《こくう》（空）によって仏道を行じ、
衆生はこれを縁として律行を行じ、
夢、幻、影響、鏡の中の像、水中の月、陽炎《かげろう》などの譬《たと》えによって仏道を行じ、
音声、語言、文字によって仏道を行じ、
清浄な仏土の寂寞《じゃくばく》たる中での、無言、無説、無示、無識、無願、無為によって仏道を行じるであろう。

このように阿難よ、諸仏の威儀、進止、もろもろの行為には、仏道修行でないものは一つもないのだ。

阿難よ、衆生は貪・瞋・痴の三毒と四魔《しま》（五陰魔《ごおんま》・煩悩魔《ぼんのうま》・死魔《しま》・天《てん》魔《ま》）と八万四千の煩悩によって、疲労困憊《こんぱい》しているのだが、仏はかえってこれらのものによって仏道を行じられるのだ。これこそ一切諸仏の法門に入るというのである。

菩薩にしてこの法門に入るものは、浄らかな仏土を見ても喜ばず、貪らず、高ぶらず、また一切の不浄の仏土を見ても憂いとなさず、否定せず、無視せず、ただ諸仏において清浄の心を起こし、素晴らしいことだと歓喜恭敬するであろう。

諸仏如来の功徳は平等であるが、衆生を救おうとして示される仏土は、必ずしも同じではない。

如来の仏土

（ブッダ）阿難よ、一度おまえの目で、そのような諸仏の国土をじっくりと見てみるがいい。大地にはいろいろなものがあるが、虚空には何もないであろう。ちょうどそのように、諸仏の姿は見えても、その限りない智慧は見えないのだ。智慧には少しだけ、ということがないからだ。

阿難よ、諸仏の身体、その威厳ある姿、もろもろの属性（種姓）、戒、定、慧、悟り（解脱）、智慧（知見）、力、畏《おそ》れのないこと（無所畏《むしょい》）、自分の得たもの（不共法《ふぐほう》）、慈悲、威儀、所行、およびその寿命、説法、教化《きょうけ》、衆生を成熟させるために見せる仏国土を浄めること。これらのことは、すべてどの仏もみな同じである。

だから、これこそが完成した覚者（三藐三仏陀《さんみゃくさんぶつだ》）と呼ばれ、如来、あるいはブッダと称されるのである。

阿難よ、私がもしこの三つの呼び名の意味を説いて聴かせて、無限の命（劫寿《ごうじゅ》）を生きたとしても、容易には知り尽くすことはできないであろう。

この三千大千世界に群がっている衆生が、みな阿難のように多聞第一《たもんだいいち》（最も多くブッダの説法を聴いた弟子）で、よく記憶したとしても、これらの衆生は無限の時間（劫寿《ごうじゅ》）を経ても、身に付けることはできないであろう。

このように阿難よ、仏たちの無上の悟りは無限で、その智慧や弁舌は、むしろ不思議とさえ言うべきなのだ。

ブッダの方便

これらを聴いた阿難がブッダに申し上げました。

（阿難）　わかりました、私は今後、自分のことを「多聞第一」などと誇るようなことはいたしません。

するとブッダが言われました。

（ブッダ）そんな弱気を起こすではないぞ。私が説くことを、おまえはいちばんよく聴いてくれているではないか。ただ私はおまえを、声聞の中でいちばんだと言ったのであって、まだ菩薩だとは言っていないのだ。

ちょっと待て、阿難よ、少しぐらい智慧があっても、菩薩の中身を推し量ることなど、とてもかなわないのだ。

たとえ大海の深さを測ることができたとしても、菩薩の禅定、智慧、総持《そうじ》（記憶）、弁才などの素晴らしさは、推し量ることができまい。

阿難よ、おまえたちは菩薩の行ないについてはともかく、この維摩居士の神通力ときたら、すべての声聞《しょうもん》、辟支仏《びゃくしぶつ》（縁覚）が無量の年月（百千劫）をかけて頑張っても、真似ることはできないほどのものなのだ。

そのとき、あの天上の衆香世界から降りて来ていた菩薩たちが、ブッダに合掌して次のように言いました。

（菩薩たち）世尊《せそん》よ、私たちは初めてこの娑婆世界に降りて来たとき、初めは何とつまらぬ世界じゃないか、と思いました。しかし今になってみると、それが恥ずかしくなり、そんな心は捨ててしまいました。

なぜかと申しますと、この娑婆世界で、仏たちの発揮される方便が、あまりにも不思議だからです。迷える衆生を済度しようとして、相手に応じて、それぞれ違う世界を見せられるからです。

もし許されるなら、私たちに、少しでもその法をお分けいただくことができないでしょうか。そして天に還ったら私たちもまた、あなたのような如来になりたいのです。

有尽《うじん》と無尽《むじん》

するとブッダは集まっていた菩薩たちに向かって言われた。
(ブッダ)それではみなの者よ、有尽と無尽と呼ばれる菩薩の解脱(解放)について、学ばれるのがよいであろう。「尽《つ》くす」とはいったい何を尽くすのか。「有為法《ういほう》(一切の現象しているもの)」を尽くすのだ。では、何を「尽くさない」と言うのか。「無為法《むいほう》(生滅を離れた絶対の状態)」のことである。菩薩はしかし、有為をやめてもいけないし、また無為に留まっていてもいけないのだ。
有為もやめないということは、慈悲をやめないことである。深く一切の智慧を発して、衆生を忘れないことであろう。衆生を導いて飽きないことと言えよう。

いつも布施（法や財を与える）、愛語（優しい言葉をかける）、利行（人に利益を与える）、同事（相手の身になる）の四つ（四摂事《ししょうじ》）を忘れないで実践し、正法を護って身命を省みず、さまざまなよい種（善根《ぜんこん》）を蒔《ま》いて、疲れを知らない。志は常に堅く、それを方便の上で発揮していく。法を求めて怠らないことだ。

法を説くことを惜しまず、努めて諸仏を供養し、生死に直面しながらも恐れることがない。名誉のことなど考えず、常に後輩を大事にし、師を敬うことだ。

煩悩《ぼんのう》に堕する者に向かっては正念を起こさせ、悟りを楽しみながらそこに執着しない。また、自分の幸せなどは気にせず、人の幸せを喜ぶ。

坐禅をしていても、常に苦しい地獄に思いを馳《は》せ、また、生死《しょうじ》の苦しみのただ中にあっても、まるで美しい公園を見るように安らかでなければばならないのだ。

求めてやってくる者に対しては、よき友（善知識）でありたいと思い、自分の所有はすべて捨て去って、一切智の仏のようでありたいと思うことだ。また、戒律を破る（破戒）者を見ても、何とかして助けてやりたいと思うことである。

布施《ふせ》、持戒《じかい》、忍辱《にんにく》、精進《しょうじん》、禅定《ぜんじょう》、智慧《ちえ》という悟りへの六つの実践項目（六波羅蜜《ろっぱらみつ》）の実践を父母のごとくに慕い、三十七の修行方法（三十《さんじゅう》七道品《しちどうぼん》）の苦しい修行にも、親族のように親しみ、あらゆるよい行ない（善根《ぜんこん》）を積んで飽きることなく、仏国土を飾るようにして、自分の仏国土を造り上げていくことである。

他人にはできる限りの布施をして、自然に美しい姿となり、一切の悪事をやめて、自分の身体の行ない（身・口・意）を浄《きよ》くすることである。

生死の苦しみは無限に繰り返されるが、心はいつも勇猛に満ちていなければならない。

量り知れない仏の徳を聴いて、志には倦《う》むことがなく、智慧の剣で煩悩の賊《ぞく》をやっつけ、陰《おん》・界《かい》・入《にゅう》（五陰と十八界と十二入という一切現象界の構成要素）を超えて衆生を幸せにし、自分は精進努力して悪魔を撃退するのだ。

常に無念実相の智を求め、小欲知足でありながら俗世間とともに正しく生きつつ、世間の習慣にも従うことである。

神通力を発揮して、衆生を導き、正しい心構えを失わず、聴いたことは忘れず、相手の能力に応じて疑問を解決してやり、弁舌爽やかに説いてやることである。

殺さず、盗まず、邪淫せず、嘘をつかず、お上手を言わず、悪口を言わず、二枚舌を使わず、貪らず、怒らず、邪《よこしま》な考えを持たず、という十種のよき行ない（十善道《じゅうぜんどう》）を実践して、天子のような福を受け、慈・悲・喜・捨の心（四無量心《しむりょうしん》）を発揮して、梵天への道を拓《ひら》くことだ。

よき説法を聴き、仏の声と身口意の素晴らしい行ないと動作を、自分の身に付け、どこまでもよいことをして、日常の動作を勝れたものにすることである。

大乗の教えによって菩薩たちの集まり（僧伽《そうぎゃ》、サンガとも）を導き、心は自由奔放にせず、できる限りよいことをすることだ。

このように生きていくことを、「菩薩、有為を尽くさず」と言うのである。

では、「菩薩は無為に住せず」ということはどういうことかと言うと、

「空《くう》」ということを学んでも、それで充分だとはしないこと。

無相《むそう》、無願《むがん》、無作《むさ》を修得しても、それで足れりとはしないこと。

生じないこと（無起《むき》）がわかっても、足れりとしないこと。

無常を見抜いても、悟りの種（善本《ぜんぽん》）を厭《いと》わないこと。

世間の苦悩を見抜いても、生死を悪《にく》まないこと。

無我を手に入れても、人に誨《おし》えることは怠らないこと。

寂滅《じゃくめつ》がわかっても、決して寂滅しないこと。

遠離《おんり》がわかっていても、なおも身心を磨いていくこと。

頼りとするものはないとわかっても、善法は頼りとすべきこと。

無生《むしょう》がわかっても、生きるということを大事にすること。

煩悩がないこと（無漏《むろ》）がわかっても、やはり煩悩を絶ち切ることがあってはならないこと。

もはや修行の必要はないとわかっても、修行によって衆生を導くこと。

空や無がわかっても、慈悲の心は捨てないこと。

正法はわかっていても、小乗には従わないこと。

世間の相（諸法《しょほう》）は虚妄だから、束縛するものも束縛されるもののもないとわかっていても、さらに修行して福徳、禅定、智慧は磨きつづけること。


このように修行することを、「菩薩は無為に住せず（じっとしていない）」というのである。

修行によって得た福徳があるからといって、何もしない（無為《むい》）でいてはならない。いや、むしろ、無為ではおれないのがほんとうなのだ。

智慧があるために、かえって無為ではおれないのだ。
大慈悲があるために、無為ではおれないのだ。
本願を遂げているから、後はいくらでも有為が可能なのだ。
法の薬を持っているから、無為には留まっておれないのだ。
病いに応じて薬を与えるのだから、有為には限りがないのだ。
衆生の病いを知っているから、無為ではおれないのだ。
衆生の病いをなくすために、有為には限りがないのである。

菩薩というものはこのようなわけで、有為にはきりがなく、また無為に留まってもおれない。これを尽、無尽、解脱の法門というのである。

ブッダがこのように説かれると、天上界から集まっていた菩薩たちは大いに歓喜し、さまざまの色や香りのする美しい花を、三千大千世界にまき散らして、ブッダとその教えと、そこにいた菩薩たちに供養しました。

それが終わると天上の菩薩たちはみな、ブッダの脚に頭を着けて礼拝し、そのあまりに素晴らしい教えを讃歎し、なんという素晴らしいことを聴いたものかと言いながら、いっせいに姿を消して天に帰って行きました。

これで、「菩薩行品第十二」は閉じられています。「有為を尽くさず」と「無為に住さず」は、互いに矛盾するような言いかたですが、菩薩の理想的なありかた、すなわち菩薩の内容としての悟りと慈悲を、同時に述べたものですね。「有為を尽くさず」は、できることは限りなく行なうという、菩薩の慈悲の面ですし、「無為に住さず」の方は、坐禅ばかりしていない、ということですから、結局は同じことで矛盾はしないのです。

しかし私たちはどうかすると、世間のことを顧みないで独りよがりでいたり、自分のことは反省しないで、人の世話ばかり焼いていることが多いものです。これではどちらも不合格だというわけでしょう。

坐禅の静かな心を離さないで活発に社会活動をする、というのが大乗仏教徒の真のありかただということです。さあ、それでは次のステージへ移りましょう。

維摩居士の前世——見《けん》阿《あ》閦《しゅく》仏《ぶつ》品《ぼん》第十二

如来を観る

そのとき、ブッダが維摩居士に向かって、「維摩居士、あなたは如来（修行を完成した人）に会いたいというご希望のようですが、いったい、如来とは何だとお考えなのですか」と尋ねられた。すると維摩居士は次のように答えます。

はい、自分というものの真実の姿を観る思いで、仏さまにお会いしたいのです。

私にとって如来さまは、未来からやって来られるのではなく、過去へと去って行かれるのでもなく、また今ここにいらっしゃるのでもないのです。

これだという真実のお姿も、その中身も、その活き活きした感性のハタラキも、その内容も観ることはできません。そこには私たちの身体のような、地水火風（四大）という要素は見えず、まったく虚空そのものです。

したがって如来さまが、どのように周りの世界と通じ合っておられるのかもわかりません。眼・耳・鼻・舌・身・意の六根を超越し、欲界・色界・無色界の三界を離れ、空・無相・無願の三解脱を得、三種の智（三明《さんみょう》）と迷い（無明《むみょう》）が一つになっておられるのです。

その姿は、一相でも多相でもなく、自分の相でも他人の相でもなく、無相でも有相でもなく、（迷いの）此岸《しがん》でも（悟りの）彼岸でもなく、またその中流でもありません。しかも衆生を済度されるのです。

寂滅の中にありながら、しかも永滅ではありません。

あれこれと分別せず、智をもって知るのでもなく、感覚をもって知るのでもありません。そこには暗も明もありません。名も形も、強も弱もなく、清浄も汚濁もなく、在も不在もなく、生滅もなく永遠もありません。それらを示すことでも説くことでもありません。

同じように、施さず、慳《けち》らず、戒ならず、犯さず、忍ばず、恚《いか》らず、進まず、怠らず、定まらず、乱れず、智ならず、愚ならず、誠ならず、欺《あざむ》かず、来たらず、去らず、出でず、入らず、一切の言語を道断《どうだん》するのです。

人々の幸福の場所でもなく、またそうでないという場所でもなく、供養に応じるにあらず、応ぜざるにあらず、取るのでも捨てるのでもなく、眼に見える姿でもなく、見えないのでもなく、真際（涅槃）に同じく、法性（真如）に等しく、言葉にできず、測ることもできず、大にあらず小にあらず、見聞覚知にあらず、もろもろの束縛を離れ、あらゆる智に等しく、衆生と同じです。あらゆる存在（諸法）に対して分別がありません。

あらゆる得失なく、濁りなく悩みないために、作《さ》なく、起なく、生滅なく、恐れや憂い、喜びや厭うということもありません。過去・未来・現在もありません。このように、仏はどんな言葉をもってしても説明できないものです。

世尊《せそん》よ、如来の身はこのようなものだと、私は観ております。

そして、このように観るのを正観《しょうかん》と言い、それができなければ、それは邪観《じゃかん》と言うべきではないでしょうか。

そのとき、舎利弗が維摩居士に向かって、「あなたはどこで死んで、またどこからここに生まれて来られたのですか」と尋ねました。すると維摩居士は、

（維摩）　舎利弗さん、あなたの存在そのものに、没したり生じたりすることがあるのですか。

（舎利弗）そんなことはありませんよ。

（維摩）　舎利弗さん、もし、「存在するものには、没とか生とかいうことはない」とおっしゃるのでしたら、どうして、私にそんな没とか生というようなことを問われたのですか。

没とか生とかいうのは、嘘っぱち（虚誑《きょこう》）の存在についてなら言えることでしょう。菩薩は没しても善本はなくなりませんし、生まれても、悪を増すことはないのです。

妙喜世界というところ

傍らで、これを聞いておられたブッダは、次のように言われたのです。

（ブッダ）舎利弗よ、「妙喜世界《みょうきせかい》」というものがあって、そこにおられる仏さまを「無動《むどう》」とお呼びするのだ。ここにおられる維摩居士は、その国で没し、この世界へ生まれて来られたのだ。

（舎利弗）それはまた聞いたこともない話ですね。この方はどうしてまた、そんな清浄の世界を捨てて、こんな怒害の多い娑婆世界にやって来られたんですか。

するとと維摩居士が舎利弗に向かって、次のように言いました。

（維摩）舎利弗さん、太陽が東から昇るとき、闇も一緒に昇ってくるでしょうか。

（舎利弗）いいえ、朝日は闇と一緒には昇ってきません。

（維摩）ところで太陽は何のためにこの人間世界へ出て来られるのですか。

（舎利弗）維摩居士、それはこの暗い世界を照らすためです。

（維摩）そうでしょう。菩薩も同じです。この不浄の世界に出て来て、衆生を済度しようとされるのです。闇を求めておられるのではありません。衆生の煩悩の闇を滅ぼそうとされているのです。

これを聴くと、集まっていた大衆が、そのような妙喜世界の無動如来や菩薩、それから声聞たちに、ぜひ会ってみたいものだと思いました。

ブッダはみなの気持ちを察して、維摩居士に「みなが妙喜国の無動如来や菩薩や声聞たちに会いたいと願っています。それらの方々をここへお迎えしてください」と言われると、維摩居士は直ちに神通力によって、妙喜国を現出せしめたのです。

すると妙喜世界の大自然と人々が、三十三天の梯子《はしご》を伝って降りて来たのです。こうして、妙喜世界が現われると、この娑婆世界の人々はみな、その梯子を伝って妙喜世界に登っていきました。ブッダが、「さあ、みな妙喜世界に生まれるがよかろう」と言われ、人々はその喜びを満喫しました。

こうして無動如来とその従者は、妙喜世界へ帰っていきました。ブッダはそれを見上げる舎利弗に、「しっかりと見届けたか」と言われると、舎利弗は、「はい、しかと見届けました。できたら私もこれから、この維摩居士のように、一切衆生をこの素晴らしい国へと導きたいと思います。また、この説法(『維摩経』)を大切に信奉する者は、法の宝の蔵を得て、成仏を約束された者になるでしょう」と言って、熱い願いを起こしたのでした。

こうして、「見阿閦仏品第十二」は、ドラマチックな想念とともに、幕を閉じていきます。

ブッダの遺言——法供養品《ほうくようぼん》第十三 そして嘱累品《しょくるいぼん》第十四

この「法供養品第十三」と、最後の「嘱累品第十四」の内容は、この『維摩経』という特殊な経典の素晴らしさを述べるとともに、そのゆえ後々の世まで、永く伝えられるべきことを委嘱する、つまり後世の人々（修行者）に委ねるという内容になっています。

この経の説こうとする大乗仏教の思想的内容については、すでにこれまでの各品において、いろんな角度から細やかに説かれました。

したがってここから先は、『維摩経』の一部をなしているとはいいながら、経典の説く思想的な内容というよりは、むしろこの経典が、釈迦一代に説かれた一切経に比べて、いかに特殊な位置を占めるものであるかを、詳しく述べたものであります。

したがって本書では、全文を訳することをやめ、その要点のみをお伝えしておくに留めたいと思います。

『維摩経』への讃辞

さて、三十三天という最高の天の主である帝釈天《たいしゃくてん》が、ブッダに向かって次のように申しました。

世尊、私は仏や文殊菩薩たちに従って今まで、百千という『経』を聴いてきましたが、この『維摩経』のように不思議で神通自在に、決定的に実相を説いた経典はかつて聴いたことがありません。

私たちのように、ブッダが平素からお説きになっている教えを聴いている者ならば、たとえ迷える衆生であっても、この『維摩経』を信受し、常に読誦すれば、この法が身に付くことは疑いないでしょう。ましていわんや、自分でそれを実践しようとする者ならば、言わずもがなでありましょう。

そのような人には、必ずもろもろの悪趣への道は閉じられ、さまざまな善への門が開けるに違いありません。したがってそういう衆生は、常に諸仏に護られ、外道を降伏させ、悪魔を退散させ、悟り（菩提《ぼだい》）の道を歩み、常に道場に身を置き、如来の歩まれた道をみずから辿《たど》ることでしょう。

世尊、もし常にこの経典を持ち歩き、読誦してその通りに修行する人があれば、私はそのような人にこそ供養させていただき、給仕することを惜しまないでしょう。

また、いずこの村、街、山林、国土であれ、この経のあるところなら、私は従者たちをそこへ引き連れて行き、またこの経を信じていない人には信じさせ、また信じている人があれば、その人をお護りしたいと思います。

するとブッダは次のように言われました。

それは結構なことです。帝釈天よ、まったくあなたのおっしゃる通りです。私も賛成です。この経は広く過去、未来、そして現在の仏たちの、不可思議この上なき悟りを説いています。

もし、人々がこの経を受持し、読誦し、書写するならば、そのまま三世（過去・現在・未来）の仏を供養することになりましょう。なんとなれば、諸仏の悟りもすべてはここから出たものであり、それは量り知れないものであり、したがってその福も量り知れないからであります。（以下略）

次は嘱累品第十四、最後の品となります。ここで一気に読み終わることにしましょう。

ブッダの遺言

ブッダが弥勒菩薩《みろくぼさつ》に向かって、次のように言われました。

弥勒よ、私は今、この量り知れないほどの永い時間（無量億阿僧祇劫《むりょうおくあそうぎこう》）をかけて究めた無上の悟り（阿耨多羅三藐三菩提《あのくたらさんみゃくさんぼだい》）の教えをおまえに譲る。この素晴らしい経を仏滅の後、末世の時代において、神通力をもって広く流布し、この娑婆の世界に断滅しないようにしなければならない。

なぜならば未来の世においては、善男子、善女人はもとより、天、龍、鬼神たちが、無上の悟りへの願いを起こし、よき法を求めようとするときもあろう。そのときこのような稀有な経を聴かせなかったら、彼らはとうてい救われることはないであろう。もし彼らがこの経を聴いたならば、必ずみなが挙《こぞ》って信受して、素晴らしい心を起こすことは間違いないであろう。

弥勒よ、菩薩に二種あることを知っておかなければなるまい。一は雑句や文飾（文字づら）ばかりを好む者、彼らは新米の菩薩である。二には深い意味（深義）を恐れず、真実をつかむ菩薩である。

新米の菩薩がこのような無染《むぜん》、無著《むじゃく》、甚深《じんじん》の経を恐れず、素直にその中へ入り、聴くことによって心浄《きよ》く、受持し、読誦し、説いてある通りに修行するならば、これこそ時間をかけて道を修めた者と言うべきである。

また、甚深の法をしっかり受け止めることのできない新米の菩薩に二種がある。

一つは、聴いたことのない深経《じんきょう》を聞いて驚き疑いを持ち、ついていけないばかりか、非難するばかりで信じられず、どこにそんな話があったのかと言うばかりの者。

二には、この深い経を説いて聞かせる者があっても、それに近づかず、供養したり恭敬したりしないばかりか、その悪口を言う者。このように二種の新米菩薩がある。

その他、菩薩であっても、深法の中におりながら駄目なのが二種ある。一つは、新米の菩薩を軽蔑するばかりで、彼らを教誡しようとしない者である。もう一つは、深法がわかっていて、それを得意とする者である。

ブッダがこのように説かれるのを聞いて、弥勒菩薩は次のように言いました。

世尊よ、そのようなことはかつて聴いたことがありません。おっしゃる通り私は、そのような間違いは起こさず、如来が永劫の昔から究められてきた無上の悟りを、大切にしていきたいと思っています。

もし未来において、在家の男女にして大乗を求める者がありましたら、彼らにこの経を教え、それに念力を与え、受持させ、読誦させて、他の人々に広く説かせようと思います。

世尊、もし未来の世において、そのようなことのできる者がいましたら、それこそまさにこの弥勒の神力のなさしめるところでありましょう。

するとブッダが言われました。

それはよいことだ。弥勒よ、まさにおまえの言う通りだ。私はおまえが語ったことを喜び、認めよう。

するとそこにいたすべての菩薩が、いっせいに合掌してブッダに言いました。

私たちもまた、如来の滅後において、十方の国々に無上の悟りを広く伝えたいと思います。そしてまた、仏の法だけを説いているいろんな人々にも、この経を読ませましょう。

そのとき、四天王（帝釈天につかえ仏法を守護する四人の護法神。東方の持国天・南方の増長天・西方の広目天、北方の多聞天）たちがブッダに向かって申しました。

世尊よ、あちこちの街、村、山林、国土にこの経が知れ渡って、この経典を読む人がいれば、私たちは従者（官属）を連れてそこに行き、その人を護り、この経典を知らない人がないようにしたいと思います。

さらにブッダが阿難に向かって、「この経を身に付けて、広く世界に流布するがよい」と言われると、阿難が答えて、「はい、わかりました。私はこの経の要点を身に付けております。世尊、ところでこの経を何と名付けたらよいでしょうか」と尋ねました。

ブッダは答えて、「この経を『維摩詰所説《ゆいまきつしょせつ》』とし、また『不可思議解脱法門《ふかしぎげだつほうもん》』と名付けるがよかろう」と言われました。こうしてブッダは、ようやくこの経を説き終えられたのです。

その場にいた維摩居士、文殊師利、舎利弗、阿難、諸々の天人、インドの神々、そしてすべての集まっていた大衆《だいしゅ》は、ブッダの説かれたところを聴いて、大いに歓喜したのであります。

こうして『維摩経』は完結します。最後の方は、いかにもこの一巻のドラマの終焉にふさわしく幕が引かれます。

読者のみなさんも、『維摩経』を貫く、あまりにもファンタジックな物語の中で、いつのまにか自分もまた、この菩薩たちの集まりにいるような気分になっておられたのではないでしょうか。

他ならぬこの私もまた、今ここに来てやっと夢から醒めて、ようやくわれに返った、という思いです。まことに不思議な一巻の物語とも言うべき、この『維摩経』との稀有な出会いに、改めて深い仏縁を感じております。

あとがき

なぜ八十八歳という老いを迎えながら、今のうちに一度しっかりと『維摩経』を読んでおきたい、というような殊勝な気持ちになったのか、自分でさえも不可解です。

もとより私は、経典の訓詁註釈をことととする学者ではなく、ただひたすら自分の依って立つ禅という宗教の、思想研究に終始してきました。そんな中でも私が、この『維摩経』の説く内容には、なんとなく惹かれるものがあるような気がして、早くからこの経に関心を寄せていたのは事実です。

私がまだ花園大学の学生であった若い日、久松真一先生がかつて京都大学心茶会で道人たちに対してなされた提講に、「維摩七則」というものがあって、それを何かで読ませてもらったことがあります。しかし、そのときは若かったせいか、それほどの感動を覚えた記憶はありません。

それを今になって、読み直しておきたい、と思うようになったのはいったいなぜなのか、これこそかつて与謝野晶子さんが、

在りし日に　覚えたる無と　今日の無と
　さらに似ぬこそ　あはれなりけれ

と詠われた、あの老人ならではの、魂の深まりというものなのでしょうか。

さて読み始めてみると、これはまた経典というよりはむしろ、実に愉快な一篇の喜劇であり、そこには経典の堅苦しさなど微塵もないのです。これは言うところの「仏説」ではなく、むしろブッダの教えを根本にしっかり据えながら、しかもそれを否定的に超えようとする大乗仏教の思想的特色を、ストレートに突きつけてくる、奇想天外な経典であったのです。私が敢えて本書の題を、『維摩経ファンタジー』などとしたゆえんです。

これは面白い。ぜひとも周りの人たちにも読んでもらいたいものと思い、普段から私の主宰している禅文化研究所での禅録研究会や、ＮＨＫ京都文化セン

ターなどで、集まってくる市民のみなさんと一緒に読み進むことにしました。そのうちこれを一書に纏《まと》めておきたいという、さらなる思いが募り、このような小著ができ上がったという次第です。

それにしても、本書の出版を承知してくれた禅文化研究所、そのために綿密な校正の努力を惜しまれなかった門下生の香月美紀子さん、そして愚息恵学の例の如き協力があったればこそと、ここにきて深く感謝するしだいです。

最後に、本書の巻頭に貴重な寺宝、狩野永徳筆「維摩居士像」を提供していただいた、岸和田市泉光寺の岸田俊昭師に対し、厚くお礼を申し上げ、擱筆とさせて頂きます。

令和二年十二月八日　仏成道の日

三余居　西村惠信 識

西村恵信（にしむら・えしん）

1933年滋賀県に生まれる。花園大学仏教学部卒業後、南禅僧堂柴山全慶老師に参禅。1960年米国ペンデルヒル宗教研究所に留学し、キリスト教を研究。1970年京都大学大学院博士課程修了。文学博士。元花園大学学長、前禅文化研究所所長。2018年、（公財）仏教伝道協会より第52回仏教伝道文化賞を受賞。三余居と号す。著書に『己事究明の思想と方法』（法藏館）、『無門関』（岩波文庫）、『禅坊主の後ろ髪』、『無門関プロムナード』、『臨済録をめぐる断章』、『十牛図―もうひとつの読み方』、『禅語に学ぶ―生き方。死に方。　向上編』（以上、禅文化研究所）ほか多数。

維摩経ファンタジー　―大乗仏教の思想に学ぶ―

令和3年2月25日　初版第1刷発行

著　者　西村恵信

発　行　公益財団法人 禅文化研究所

〒604-8456　京都市中京区西ノ京壺ノ内町8-1
花園大学内
TEL 075-811-5189　info@zenbunka.or.jp
http://www.zenbunka.or.jp

印　刷　ヨシダ印刷株式会社

ISBN978-4-88182-325-5 C0015